中垣顕實
T. Kenjitsu Nakagaki

マンハッタン坊主 つれづれ日記

現代書館

マンハッタン坊主　つれづれ日記◉目次

はじめに …… 3
冬の章 …… 21
春の章 …… 83
夏の章 …… 139
9・11の章 …… 173
秋の章 …… 243
終わりに …… 267

装幀　渡辺将史

はじめに

「マンハッタンにお寺があるの？」「あのニューヨークに仏教のお寺だって？」

普通、ニューヨークにお寺があるとは思わないでしょうね。ニューヨークと言えば、何と言っても、摩天楼や自由の女神、そして最近では9・11といったところでしょう。私は十五年ほどマンハッタンにあるニューヨーク本願寺仏教会で住職をしています。

二〇〇八年の十一月十三日に東京の光明寺さんでの「仏になるための仏教講座」で講師をさせて頂くことになったのが奇縁で、ブログを書くことになり、それがこの本となりました。ニューヨークのお寺ではどんなことをしているのか興味がありますと言われ、私の身の回りで起こっていること、心に思うことなどを徒然《つれづれ》に一年にわたって書いてみることにしたのです。


光明寺の松本圭介さんとは二〇〇七年にニューヨークへ『じっぽう』という雑誌の取材に来られたときに初めて出会ったのですが、その縁で光明寺さんでの講演へとつながっていきました。日本の知人から松本さんのことは聞いていて、面白い人だから、いつか是非会ってほしいと言われていて、彼の著書も送ってもらっていました。

仏教というと日本人には頭から否定する面が多々あるようなのですが、そのバイアス（偏見）を破る必要があると日本にいるときから感じていました。そんな一般人にも入ってきやすい感じの本を彼は書かれたのでした。私が米国に来た理由の一つに仏教の逆輸入ができるのではないか、という気持ちがありましたので、彼とはすぐに共通のものを感じました。

なぜ、こんなにユニークで、広く奥深い仏教という宗教がありながら、それを顧みもしない日本人が多いことか、と残念に思うことはよくあります。大学で仏教の教義、文化、価値観などを学んだときからこう思うようになりました。第二次世界大戦に負けた後遺症でしょうか。今までの古い日本を捨てて、新たな西洋化への転換を試み、ある意味、経済的には大きく進歩を遂げましたが、失ったものも多いのだと思います。

信仰の自由ということは憲法に保障されてはいても、宗教には関わらないように心がけているのが一般の人だと思います。私もそうでしたから。だから、学校では宗教の代わりに「道徳」というような授業を設けていったのでしょう。

本当を言えば、学校でもっとさまざまな宗教をしっかり教えた上で、信仰の自由だというのであれば理にかなっていると思うのです。学校で宗教の基本的なことを教えないから、日本にはわけのわからないような新興宗教がたくさん出てきていますし、既成宗教の中でも質が下がってきていると思われます（もちろん、素晴らしい人もいます！）。世界中にいろいろな宗教があり、それを理解することは国際社会で活躍する上でも重要な分野です。宗教を知ることはどのような価値観で生きているか、文化、習慣を根本的なところから理解するには必要不可欠なものです。

私自身、日本の良さ、仏教の良さというものは、米国に来てからもっと肌で感じるようになりました。二〇一〇年でちょうど米国での坊さん生活も二十五年になりますので、西洋社会と日本社会、西洋文化と日本文化、キリスト教文化と仏教文化の違いを体験してきました。その上で、宗教を知ることは大切だと感じているのです。

シアトルに四年、カリフォルニアのフレスノ近郊に五年、そしてニューヨークで現在十五年が経ち、いつの間にか自分もニューヨーカーになってしまった感じがします。

「マンハッタンにお寺があるの？」と言って驚かれた人に何人も会いました。もちろん、マンハッタンのお寺は私が来る前から存在していました。関法善師が一九三八年に始められ、七十年以上の歴史を持っています。私はマンハッタンにあったお寺に住職として赴任したということです。戦前にマンハッタンでお寺を始められた関先生こそ本当にすごい人だと思います。

「マンハッタンのお寺はどんなことをしているのですか」と聞かれますが、いろんなことをしていますので、一口に言うのは大変です。そこで、日記形式で一年間、どんなことが起こるのかを書いておくことにしました。今度、同じ質問が出たときは、「この本を読んで下さい」と簡単に答えることができるのです。

もちろん、言葉だけではわからないことも多いでしょうから、写真も入れるようにしました。お寺のウェブサイト〈www.newyorkbuddhistchurch.org〉にアクセスしてもらうと、最新の情報があります。さらには、いつかこの本を読んで、お寺に足を運んで頂くと嬉しいです。ニューヨークに行くなら、ニューヨーク本願寺を知らなかったら通とは言えない、と言われるようになりたいものです。

　こうして、最初はしっかりとスタートを切りました。なかなか続けるのは大変で、特にお寺が忙しくなったり、自分の用事も入ったりして、はじめは毎日やっていたブログもだんだんと日が空き、最後のほうは一週間に一度という感じになってしまいましたが、それでも何とか二〇〇九年を一年やり通しました。マラソンで言えば、最初は元気よくスタートしたが、だんだんと遅くなって、最後はラスト・スパートで追い上げるという感じでしょうか。正確には、最後のほうは、自分では頑張っているのですが、どうも足が重く、思ったよりラスト・スパートでの追い上げがもう一つでした。ともかくも、完走したことに乾杯！

　この本が何かの形で日本仏教の再復興に役立つことを念じつつ。――ＴＫ拝

Greetings！：八口ー！

　はじめまして、ニューヨーク本願寺仏教会で住職をやっています中垣顕實（ナカガキ・ケンジツ）といいます。ニューヨークに来て十五年目になります。米国は二十四年目に入ります。日本では京都の龍谷大学を卒業し、同大学で私が二回生のときから始まった海外開教《かいきょう》使《し》（本山から布教のために海外に派遣された僧侶）課程を修了して、西本願寺から米国仏教団に派遣されてきたのです。

　最初はサンフランシスコの本部で数カ月研修して、ワシントン州のシアトル別院で四年ほど、その後、カリフォルニア州のフレスノ近くのパレア仏教会（地図を見ても載っていないような小さな町にある）

で五年ほど駐在しました。ニューヨークに来る以前の約十年間は西海岸にいたということです。ちなみに、お坊さん歴としては、一九八〇年に得度をしたので、僧侶を二十九年やっていることになります。結構長くなってきました。気分は大学を出たばっかりのような感じなのですがね。

このブログというものは私には初の経験なので、どうなるのかまったく先は見えませんが、とにかく面白そうなのでやってみることにしました。昨年の十一月末に来日したとき、たまたま光明寺さんで講演をさせて頂く機会があり、その折に松本圭介さんよりブログの話がでまして、引き受けることにしたのです。

実は今年二〇〇九年は私の干支（丑）でありまして、せっかくだから今までやったことのないことをやってみたいと考えていました。日本でもそうですが、米国人もニュー・イヤー・リゾルーションといって、今年はどういうことをやり遂げたいという、いわゆる新年の抱負を考えるのです。タバコをやめるとか、ダイエットを実行するとか、いろいろです。毎週日曜のお参りに来るという人もいました。「改革の年だ。今までにやったことがないことをやってみる」という人もいました。そこで、私のリゾルーションはこのブログを一年やり遂げることに決めました。

ということで、今年一年よろしくお願いします！　――ＴＫ拝

Where is the temple?：お寺はどこに？

マンハッタンのアッパー・ウエストの町並みを見ながら、ハドソン川に沿ったリバーサイド・ドラ

イブを歩いていると大きなブロンズの托鉢僧の銅像が目に留まります。

道を歩く人はよく立ち止まって、その銅像を眺めます。ニューヨークではめったに見かけない、米国人にとってはめずらしい姿の銅像なのです。編み笠をつけ、衣をつけて、行脚しているお坊さんの像、これは浄土真宗の開祖である親鸞聖人の像です。またいずれ詳しく話しますが、もともと広島にあったものですが、一九四五年の原爆により被爆し、平和の願いをもって一九五五年にニューヨークに贈られてきたものです。

その像がこのお寺の目印です。日本のように瓦屋根のお寺を想像されるかもしれませんが、普通のビルです。本堂が親鸞像のある建物で、日曜日のお参りや大きな行事などはここで行います。平日の集まりは、たいていその横の五階建てのビル（仏教会館）のほうで行っています。

実はこのあたりはもともとお金持ちの住んでいた場所で、お寺と同じ一ブロックの内に、ジャズで有名なデューク・エリントンさんの住んでいた家が北の角にあり、アドレナリンで有名な高峰譲吉博士の住んでいた家が隣にあり、南の角にあるお寺の五階建ての家は新聞王ウィリアム・ランドルフ・ハーストが愛人の女優マリオン・デービスに与えた家なのです。

お寺の近辺には徒歩十分ぐらいで、コロンビア大学、バーナード女子大学、リバーサイド教会、ニューヨーク大聖堂（セント・ジョン・ザ・ディバイン）、グラント将軍の墓、セントラル・パーク、リバーサイド・パークなどがあり、普通想像する摩天楼のビルが建ち並ぶというイメージとは大分異なります。どちらかと言うと静かで、綺麗な住宅街という感じでしょうか。

今度、ニューヨークに行ったときに立ち寄ってみたい人のために、行き方を教えましょう。たいていの観光客の人たちは年末のカウント・ダウンやブロードウェイ・ショーで有名なタイムズ・スクェア付近に滞在されますので、そこからの行き方を説明しておきます。ニューヨークは地下鉄が便利ですし、それ自体、観光的要素がありますので、試しに乗ってみて下さい。

お寺のあたりは、ハーレムが近いので危ないのでは、という思う方もいらっしゃるでしょうが、このあたりはとても安全な場所なので、安心して訪ねてみて下さい。地下鉄も全然問題ありません。

地下鉄タイムズ・スクェア駅から赤色のブロードウェイ・ライン（一、二、三の三つがある）のアップタウン行きに乗って下さい。初めての方は普通電車の一番の地下鉄で来るのがいいでしょう。二番、三番は急行ですので、九六丁目駅で普通に乗り換えます。九六丁目駅で降りて歩いても、十分ほどですが、もっともお寺に近い駅は一〇三丁目駅です。

一〇三丁目駅から地上に出ますと、ブロードウェイですので、それを北上して行き、一〇五丁目を左に曲がり、ウエスト・エンド通りをわたって、次の通りがリバーサイド・ドライブです。それを右に曲がって一つ目の建物が仏教会館です。

バスならM一〇四番かM五番、あるいはラガーディア空港から出ているM六〇番で一〇六丁目で降りてすぐです。お寺は一〇五丁目と一〇六丁目の間の、リバーサイド・ドライブの上にあります。

一つ注意がありますが、リバーサイド・ドライブが二つありまして、リバーサイド・パーク沿いで両側通行の大きな道と、ビルディング沿いで北に向かう一方通行の小さな道があり、お寺は後者の一方通行のリバーサイド・ドライブです。特に運転なさる方はお間違えのないように！　――ＴＫ拝

What do you do at the temple?：お寺で何を？

「ニューヨークのお寺ではどんなことをしているのですか」ということをよく聞かれます。日本人もそうですが、特に米国人の方によく聞かれる質問です。

日本の人は日本のお寺を想像して聞くのでしょう。米国人の場合は、お寺というものがどんなことをするのかほとんど知らずに、どちらかと言うと教会のようなものを想像して聞いてくるのでしょう。以前はいろいろと答えたものですが、数を重ねるに従って、答え方もだんだんと変わってきました。「毎週日曜日に法座（英語ではサービス）があります。日本語が朝の十時三十分、英語が朝の十一時三十分です。その他にもいろいろな行事がありますが、お寺に来られたときに、月報（ニュースレター）が置いてありますので、それを参考にして下さい」という感じで答えています。

やはり、口で言うより、お寺に来てもらって体験してもらうのが一番だと思っています。まさに「百聞は一見にしかず」です。仏教的に言えば、「体解《たいげ》」、身体で理解するということが大切なのです。ただし、人によってはいろいろと聞いてくる場合もありますので、その場合はなるべく細かく答えるようにしています。

最近は、それに加え、もっと簡単に「お寺のウェブサイトに行ってみて下さい」というように答えています。ただし英語ばかりなので、英語がわからない場合は難しいです。

ところで、日本語の仏教書というものを読んだことがあるでしょうか。仏教用語が頻繁に使われるような本が多く、ちょっと仏教に興味があったとしても、一般の人にはわかりにくい場合が多いようです。面白いことに、英語ではあまり多くの仏教語なるものが使えませんので、仏教に関しては、日本語で読むよりもかえって英語で読んだほうが理解しやすいということも多々あります。英語を聞いたり話したりするのは日本人は苦手でしょうが、読むことに関しては大丈夫でしょうから、一度ウェブサイトに行って、実際に読んでみて下さい。

ニューヨークに住んでいない場合は体験しようにも体験できませんので、このブログでは写真なども入れてニューヨークのお寺では何をやっているのかということを折に触れて紹介していきたいと思っています。

ちなみに、ニューヨーク本願寺では、毎朝、午前六時半から朝のお勤め（座っていわゆる読経をします）で一日が始まります。このブログはそのお勤めを終えてからすぐに書くことにしています。早起きはいいですよ！　——ＴＫ拝

“Samue” Fashion?：作業衣ファッション

いつの間にか、作務衣と坊主頭が私のトレードマークのようになったようです。このスタイルもニューヨークに来てからのことなので、十五年目に入ります。

今日はその作務衣について書いておきます。実は、作務衣を着るようになったのは、米国に来た最初の年からです。

どこへ行くのも作務衣姿

ここ浄土真宗の米国仏教団では年に二回、二月と八月、全米の浄土真宗のお坊さんが集まります。私が開教使として派遣され、サンフランシスコに入ったのが一九八五年二月九日で、初めて出席した大きな会議が二月末に行われた開教使会議でした。そのとき、全米各地で活躍なさっている諸先輩海外僧侶に初めて会ったのです。ほぼ二十五年前の話です。

多くの開教使の先生たちは、背広にネクタイという格好で、法要のときなどはその上に衣を着るというスタイルでした。そんな中に作務衣を着ている開教使が数人いたのに目が引かれました。上下ともに作務衣ではなく、作務衣の上だけをネクタイをした上から背広の代わりに着ているのです。

日系三世のボス的存在であった開教使の小谷先生はいつも作務衣を着ているということでも有名でした。「これだ！」と思い、私も着るようになったのです。日本からの開教使の三浦先生もよく着るということで、「白衣は着ずに、襦袢を作務衣の下に着ると便利だ」ということも教わりました。

早速、その後、日本にいる両親に連絡して、作務衣と襦袢を送ってもらいました。一度着始めると作務衣は楽だし、僧侶の着物に近い形ですので、一石二鳥という感じです。

ニューヨークに来てからは、頭も剃るようになりましたので、作務衣がもっとピッタリするようになりました。そのため、以前は上だけの作務衣を着ていたのが、今では上下ともに作務衣を着るようになりました。

ホワイト・ハウスに招かれる。(2000年3月)
スリランカ僧のピヤティッサ氏とクリントン大統領と著者

作務衣でニューヨークの町などを歩いても、ニューヨークですので、そんなに目立つ感じでもありません。もちろん、「その服はどこで売ってるのか。私もほしい」という米国人もよくいます。そういえば以前にインターフェイス・センター・オブ・ニューヨークの創始者のモートン牧師も作務衣を手に入れたいと言っておられましたので、一つ贈ったことがありました。今でも夏の休暇中に着ていると言っておられました。

私は昔から青系が好きなので、作務衣も青系がほとんどです。作務衣も明るい青から黒に近い青までいろいろあり、生地も冬用の厚いものから夏用の薄手のものまで使い分けているのです。

たとえば夏などはやはり明るめで薄手の生地の青い作務衣を着ることが多くなります。正式な場所に行くときなど

のんびりと行きましょう。（インドにて）

は、夏でも黒っぽい紺色の薄手の作務衣を着ます。普段歩き回るときの作務衣とパーティや会議に出るときの作務衣は使い分けています。

このあたりは外から見ると、「作務衣は所詮、作務衣、仕事着だ」と思われるのかもしれませんが、少なくとも私の中では区別しています。法要の場合はもちろん衣をつけますが、そうでない場合は作務衣です。

少し自慢のようになりますが、クリントン大統領時代に一〇〇人ばかりの全米の宗教者がホワイト・ハウスに招かれたのですが、仏教者で出席したのはスリランカ僧のピアティッサ長老と私の二人でした。そのときも私は襦袢に作務衣姿で参りました。

基本的に日本に行くときも、インドに行ったときも、どこに行くときでも作務衣を着るようにしているのです。ニューヨークに来てから他の国の坊さんなどと一緒にセミナーに参加して、同室になることがあるのですが、そこで感じたことは、他の国の坊さんはいつも衣をつけている。「二十四時間坊さんなんだ」と感じ、それに見習って、私も二十四時間坊さんをやろうという決意も含めて作務衣を着ているのです。

この意味では、私にとっての作務衣は私自身の僧侶の自覚であるのです。作務衣の経緯はこんな感

じです。――TK拝

How do you like my "Economy Cut" Style?：スキンヘッドはいかが？

作務衣のことを話したからには坊主頭のほうも話さねば完結しません。

坊主頭のほうは、十五年前にニューヨークに来てからです。坊さんは頭をまるめているものだというのが一般常識ではありますが、浄土真宗の坊さんは有髪の人のほうが多いのです。何をかくそう、今でこそ坊主頭にしていますが、この私もシアトルではアフロ・ヘアー、カリフォルニアのパレアとヴァイセリアという町にいたときはショート・カットにしていました。

なぜ、私が頭を剃ることにしたかといいますと、いくつかの要因があります。
（一）ニューヨークに来てニューヨーク仏教連盟の会合に初めて出席したとき、お坊さんの席と一般信者のリーダーの人の席が別々になっており、私をどちらの席に置くべきか迷われていたこと。
（二）ニューヨークに来て早々、お葬式があり、私を目の前にして「お坊さんはいらっしゃいますか。お坊さんと話したいのですが」と言われたこと。
（三）ニューヨークでやっていけるかどうかわからなかったので、頭でも剃って気を引き締めてやらねばという思い。
（四）ニューヨークで当時、特に黒人の中で、剃るのが流行っていて、エコノミーカットと言っていたこと。実際、散髪代がかからないし、髪の毛を洗う必要がない、シャンプーもいらないので経済的

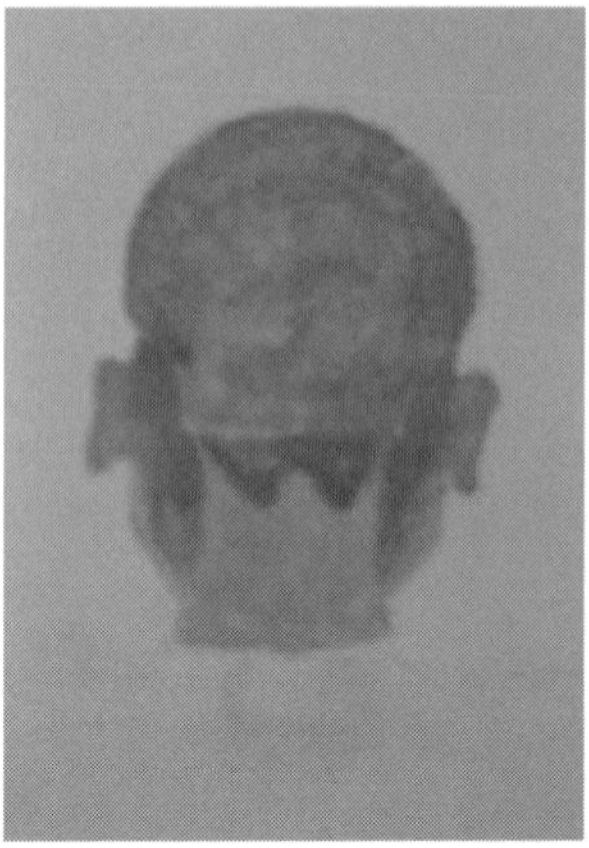

坊主頭（私の息子が書いた後ろ姿）

だ。

このような状況であったので、「この際、頭を剃って頑張りますか」と冗談混じりに口を滑らせたとき、私の元妻がすぐさま、やりましょうと言って、剃ってくれたのでした。こちらから言い出した手前、引く訳にもいきませんので、思い切って剃ることにしました。ポニーテイルのように少し残したらどうか、とも言われましたが、さすがにそれはもっと恥ずかしい感じなので断りました。

こうしてスキンヘッドが誕生しました。坊主頭にした途端、先の問題は即座に解決しました。仏教連盟の会議に出ると、迷わず私を坊さんの席に座らせようとし、お寺に初めて来た人でもすぐ私を見て坊さんだとわかります。頭を剃るとすっきりした気分になり、気持ちの上でも、これからニューヨークでやるんだと再度決心を固めた感じがしました。少々恥ずかしいときには、「これはニューヨークのファッションです」と言って逃げの口実に使えました。本当にエコノミカルです。

それ以外にも頭を剃ると面白いことがわかってきます。時に髪の毛の役割というものがよくわかるようになりました。髪の毛は頭の温度を保つのに役立っているのです。坊主頭ですと、温度変化が激しいのですぐ風邪を引いてしまいます。日があたると突然暑くなりますし、日陰に入るとすぐに寒くなります。そのため帽子が必需品になりました。

また、髪の毛は頭を守る役割をしています。髪の毛があると物に頭がぶつかる前に危険だという信号を送れますし、同時に物にぶつかったとしても髪の毛がクッションの働きをしてくれます。坊主頭にしていると突然、何の前触れもなしにぶつかるし、クッションはないのですぐ怪我をしてしまいます。この点でも帽子は役に立ちます。

何はともあれ、髪の毛に感謝です。

エコノミーカットと言われるゆえんもよくわかります。シャンプーもリンスもいりませんし、床屋や美容院に行く必要もありません。ひげ剃りさえあれば綺麗に剃れます。最近の三枚刃のひげ剃りであれば、頭を切る心配もなく剃れるのです。それに、髪の毛がその辺に落ちることもありませんので、清潔な感じです。寝癖がつくこともありませんので、いつ誰が来ても髪の毛を心配せずに出られるのです。面倒くさいことと言えば、三日に一度ぐらい剃らねばならないということぐらいでしょうか。

最初、よく他の浄土真宗の坊さんから「禅宗になったのか」と言われました。そういうふうに思うのかなと考えておりますと、このようなコメントは一般の人からは聞いたことがないことに気づきました。さらに、歴史を遡れば、浄土真宗の坊さんが頭の毛を生やすようになったのは明治以降のことで、それまでは剃っていたこともわかりました。大谷光瑞師までは浄土真宗のお坊さんも頭を剃っていたのですが、明治の近代化に伴い、有髪も認められるようになっていったようです。今でも僧侶になる得度式では皆、頭を剃ります。

実際、親鸞聖人や蓮如上人のお姿は剃髪されていますし、彼らの絵像を見てこれは禅宗の坊さんだとは言わないでしょう。ある意味で、坊主頭が普通で、髪の毛を生やしているほうが変わっていると

コロンビア大学にある親鸞聖人肖像画

いうことです。本末転倒にならないようにお願いしたいものです。剃髪は仏教僧の共通語でもあります。

余談ですが、この絵図を見ていて気づくことがもう一つあります。それは座り方です。お寺では正座をするのが当たり前のようになっていますが、仏教の座り方は結跏趺坐（足を組んで、あぐらをかく感じで座る）が基本だということです。実際、正座はお茶からきたようですし、下人の座り方であったようです。

日本には本当はたくさんお坊さんがいるのですが、普段はわからないようになっているのです。普通の服を着て、頭の毛もあって、外見は全く一般人と同じです。時々思いますが、年に一度は、たとえばお釈迦さまの誕生日である四月八日から一週間、宗派関係なしに、日本国中にいるお坊さんは剃髪して作務衣を着ると、面白いことになると思います。きっと電車やバス、町の中でも、いっぱいお坊さんがいることに驚くのではないでしょうか。ニュースになりますよ。

お釈迦さまがインドで頭を剃って、黄色の袈裟をまとって歩いたということは、皆の目に留まったことは間違いないでしょう。少々俗的になりますが、歩いているだけで宣伝効果もあったに違いありません。

お坊さんがお坊さんの姿で堂々と町を歩くようになれば、日本も変わるでしょう。外見が変わると結構中身も変わってくるものです。「信は荘厳より生ず」とも言いますし。——TK拝

Why TK?：ナゼTK?

なぜ〝TK〟なのか。よくこちらで、多くの人、特に日系人以外の人たちがTKと私のことを呼びます。その日のブログの締めくくりには「TK拝」と書いています。

米国では親しみを込めてファーストネームで人を呼ぶのですが、シアトル、カリフォルニアにいたときは、トシと呼ばれていました。私のファーストネームは敏和ですが、トシカズでは長いので、最初の部分をとって「トシ」となったのです。

お坊さんにはミスターではなくレヴァレンド（Reverend、略してRev.）という言い方をします。また日本語の「先生」という言葉も、「寿司」（sushi）や「照り焼き」（teriyaki）のように、英語になっていますので、センセイ（sensei）と呼ぶ方も多いのです。

ということで、「レヴァレンド・トシ」とか「センセイ・トシ」と呼ばれていました。もちろん、ラストネームで「レヴァレンド・ナカガキ」、「センセイ・ナカガキ」というのもありです。フォーマルな場合はラストネームで呼びます。

顕實（ケンジツ）というのは坊さんの名前で、私の恩師である梯實圓和上から頂いた名前です。も

う二十五年前の話になりますが、大阪にある行信教校で真宗学を梯和上から学ばせて頂きました。日本ではミドルネームをつけることはできませんが、米国ではミドルネームを普通につけますので、私の場合は、トシカズ・ケンジツ・ナカガキとなります。

ニューヨークに来たとき、あなたをどう呼んだらいいか、と言われたときに、西海岸で呼ばれていたのと同じでは気分が変わらないので、即座にファーストネームとミドルネームの頭文字をとって、ＴＫでいこうと思い浮かびました。

「レヴァレンド・ＴＫ」は一九九四年三月に誕生したのです。最初は何となく、ＴＫと言われても自分のことと感じませんでしたが、この名前も十五年ほど使い続けると、いつの間にか自分の名前になってしまいました。

そういえば、世界宗教会議が南アフリカのケープタウンで開かれたときに、名前は忘れてしまったのですが、大阪のほうから大会に参加されていた女性が「雲海」和尚と勝手に私に名前をつけて呼んでいたのを思い出しました。今思えば、なかなかいい名ですね。

念仏ならば、「名は体をあらわす」ということになりますが、普通は名前と中身は違ったりします。ただ、最近思うことは、名前は自分の目標のような感じがしています。名前のように自分もなれるように生きねばと思います。

名前負けしないように、頑張りましょう。——ＴＫ拝

冬の章

ブログはウェブ上では一月十五日から始まりましたが、始める前に、少々練習をしておこうと思い、二〇〇八年十二月の末から書き始めていました。この中には、公開されていないものもあります。

New Year's Eve：お寺の大晦日

師走とはよく言ったものです。今年ももうあと一日で終わるというのに、最後まで走り続けることになりました。

今日十二月三十一日は雪のため、リムジン・サービスが気を利かして早めに迎えにきました。お葬式は待ったなしで、突然やってきます。四十九歳の若いジェニーの葬儀です。会ったこともない米国人ですが、仏教で葬式をしてほしいとの遺言によって、夫がアレンジされたのでした。雪にもかかわらず多くの人が参詣されました。

米国人のお葬式では、日本では当たり前に行われることでもそのような常識は存在しません。たとえば、お焼香ということにしても、たいていの米国人にとっては未知のものです。ですから、最初にお焼香の仕方や意味などを伝えます。

「お焼香は敬いと感謝を表す仏教伝統の作法です。またお香の煙は心身を浄化することを表しますので、清浄な、また誠実な思いでお焼香をして下さい。お香を一つまみして、香炉のほうへ入れて、手を合わせて頭を下げます。もし、あなたの宗教がそれを許さないなら、あなたのやり方で結構です。ただ故人の宗教を尊重できるようであれば、今説明したようにお焼香をして下さい。お焼香をしたからといって、何か不思議な力があるわけでもありませんし、それで仏教徒になるわけでもありません」と英語で説明しました。

皆、指示に従って、読経中に合掌をし、故人を弔いました。夫は亡くなった奥さんのために泣きながら、お経を読んでいました。そして、故人の友人たちが思い思いの言葉を述べられました。その後、私が蓮如上人の書かれた「白骨の御文章」を英語で読み、説教をしました。

私は、仏教の大切な考え方の、今ここに生きているこの私について、最初と最後、生と死は常に向かい合わせにあるということ、今この瞬間を大切に生きる世界が仏教の世界であり、彼女もまたそう生きたに違いないという内容の説教をしました。自然を愛し、慈愛をもって生きられた彼女に「釈尼慈安」という法名をつけ、皆にその法名の意味を説明しました。

説教の後は、喪主の方が挨拶をして、お棺に花を入れます。それから、出棺になり、葬儀は終わりました。

私が出る頃には雪が本降りになり、これでお寺まで無事に帰れるであろうかと思って心配になりました。結局お寺に着いたのが午後の三時頃で慌てて除夜の鐘のための準備を始めました。花屋に行ったのですが、今日に限って菊などの大きな花がなかったので、花束になっているものをいくつか買うことにしました。

大晦日の法要は午後七時から始まります。少し早いのですが、あまり遅いとお年寄りの方などは危ないですので、いつも早めにしています。今年の除夜会は雪が降り、さらに風が強くすごく寒く感じました。実は、お寺の前はハドソン川からの風が吹き抜けになる場所にあり、同じマンハッタンでも寒さが格別なのです。天候のせいか、例年より少なく七〇人ばかりの人々が集まりました。

お勤めは、『初夜礼讃』、少々長いのですが、私が最も好きなお経です。同じお経でも一本調子のものもあれば、メロディカルに歌うような感じのお経もあります。この『初夜礼讃』はとても綺麗なメロディで、とても荘厳で神聖な雰囲気をもったお経なのです。少なくとも私はそう思います。

今年最後の法話は「立ち止まって、振り返ることも大切」と、ちょうど運転をするときも、前ばかりを見ていると危ないように、時に、バックミラーやサイドミラーを見ることも大切だということを話しました。もちろん後ろばかり見ていると進みませんので、それも問題ですが、仏教的には「我を知る」ということはとても大切なことなのです。

その後で、除夜の鐘を鳴らします。とは言っても外に釣り鐘があるのではなく、本堂の中にある大きな鐘を参列者が順番に打っていきます。百八回ゆっくりと打ちます。同じ鐘の音でも、一人ひとり違うのです。柔らかい音、固い音、力強い音、か細い音、透き通ったような音、うるさい音、静かな音、ほど良い音など、いろいろあるのです。

お寺の二階で年越しそばを参詣者に食べて頂き、大晦日の行事が終わります。皆が帰った後、ゆっ

本堂の入り口

くりして、翌日の元旦の法要の準備をしてしまいます。

夜は息子たちと百人一首をしました。実は翌日にそなえて練習をしたのです。夜中の十二時すぎにお互いに新年の挨拶をして、夜食として餅を焼き、梅酒のお屠蘇を頂きました。「新年あけましておめでとうございます。今年は丑年、私の干支です」。

今年は自分の年なので、何か今までとは違ったことを始めたいと思いました。そのひとつがブログを書いてみること、そして、九月から大学院で博士課程の勉強をしてみようということが私の新しい挑戦です。――TK拝

Happy New Year！：賀正！

二〇〇九年になりました。あけましておめでとうございます。初詣でということですが、前の日が遅いので、少し遅めの午後一時から元旦の法要を営みます。今日は天気はいいのですが、川からの風がきつく非常に寒いです。

十二時ぐらいから門を開け、午後一時には、一〇〇人ぐらいで本堂はいっぱいになっていました。毎年、新年のお経は『正信偈』と六首引き『和讃』です。読経の後、法話は「柔軟心」について話しました。

法話が終わると、本堂で恒例のパットラック（持ち寄り）の新年会があります。各自が自分の得意の料理を持ち寄り、新年をお祝いします。私は甘酒を作ってもっていきました。多くの人で賑わい、楽しい一年の幕開けとなりました。会館の二階では書き初めを行い、米国人の人たちも今年の抱負、あるいは好きな言葉などを筆で書きました。その後は、日本語のできる一部の人たちで百人一首を楽しみました。今年は私は市田さんと将棋をしていました。

——ＴＫ拝

本堂の工事がおわるまで仮に作った集会所（仏教会館の２階）

Morning Meditation：朝のお参り

朝六時三十分、朝のお参り（お朝事）から一日が始まります。月曜日～金曜日は一般の人も一緒に参加されますが、土曜や日曜は自分だけでするようにしています。週末は結構忙しく出張なども入ることが多いので、平日だけオープンにしています。

メディテーション・ルームはお寺の会館の二階にあるので

すが、実は、改装工事のときに、部屋の天井が落ちたせいで使用不可能な状況にありますので、同じ階にある集会部屋で行っています。

最初の三十分は黙って座り、背筋を伸ばし、体の力を抜き丹田（下っ腹）で呼吸をします。引き続いて、読経をまた三十分ほど行います。『正信偈』、『過去和讃』、『阿弥陀経』、『礼讃』などのお経を読み、称名念仏（南無阿弥陀仏と称えること）をして、回向で終わります。

日によってお参りされる人は違いますが、だいたい三、四人といったところです。たまに一〇人ぐらいにふくれることもありますが、なかなか長続きするものではないようです。――ＴＫ拝

Cultural Classes：文化クラス

お寺では、いろいろな文化的活動も行っています。お寺の地下にある道場では月曜日から土曜日まで、柔道、空手、合気道、柔術があり、毎週火曜日は書道教室、木曜と土曜は太鼓教室、毎週土曜に運筆クラス、日本舞踊があります。

仏教は日本文化とも深い関わりがありますし、少しでもお寺に親しんでもらうということにもつながります。――ＴＫ拝

First Sunday of this year 2009：二〇〇九年最初の日曜日

今年初めての日曜法座です。キリスト教の国でありますので、米国の浄土真宗のお寺では毎週日曜日にお参りをします。米国仏教団の百年以上の歴史の中でできた、新しい習慣です。百年前と言えば、日曜の教会は人であふれていたように、皆が教会に行ったものです。そんなとき、仏教の人は行く場所がないので、お寺でも日曜礼拝、日曜学校が始まったのです。

なぜ、英語で教会にあたる「チャーチ」という言葉を使うのですかと質問されます。ニューヨーク本願寺仏教会の英語名は「ニューヨーク・ブディスト・チャーチ」（New York Buddhist Church）と言います。皆が日曜教会に行く中、「あなたはどこへ行くのですか」と聞かれたとき、「チャーチに行きます」と答えることができ、特に戦争で日本人、日系人が収容所に入れられてから身を守る方法として目立たないようにする方法をとったことにも関係しています。

今では仏教も米国人に受け入れられるようになっていますが、私が初めてこちらに来たときの二十五年前には、普通の本屋に行っても、仏教書は置いていませんでした。それこそ、戦後の頃ですと、六十年以上前のことなので、仏教というだけでも「なんやそれは」と一般の米国人からは思われたことでしょう。

毎月の第一日曜日のお参りは日英両語で祥月法要を行っています。一月は親鸞聖人の祥月にもあたる月なので、親鸞聖人から何を学ぶかを四回にわたって話すことにしました。「弟子一人も持たず候」ということから、常に学ぶ姿勢、常に学生であることが大切だということ。得度はすべてを知ってお坊さんになるというのではなく、この道を自分の道と定め、これからますます深く広く学び、実践していくということが、常に学生であることにつながるというような法話をしました。

午後二時からは門徒リーダー養成講座を開きました。(一)新しい人と資格を持つ人を分ける、新たなプログラムとしては、住職不在のときの法要がきちっとできるようにすることに趣をおいていく、(二)不在の際は、一人の開教使補佐がその日の法要を責任をもって行う、法話もその人がするかあるいは他の人を探す、(三)秋からはイントロダクションのクラスなどをリーダーが行う、今の間にどんなクラスを開くかを考えておく、など今後の方針などを話し合いました。

「どうしてできないかの理由を話すのではなく、どうしたらそれができるようになるかを考える」ことは大切だと私は思っています。そこにさまざまなアイディアや工夫が生まれてきます。——TK

拝

Calligraphy Class：書道クラス

私は毎週火曜に午後〇時半～二時にお習字を教えています。『重誓偈』から一行(五字)ずつ、楷書、行書、草書で書いています。このクラスはお年寄りの方を対象にしています。週日の昼間ですし、普通の人は働いている時間です。字を書くということはボケ防止にもいいのです。もうかれこれ十年以上経ちました。

また、私にとってもう一つの大きな意味は、筆を持つ習慣を私自身が必要と感じるからです。いつも筆を持っていると筆になじむというか、文字を書くときも「筆をもって」書いているんだという気持ちではなく、ただ文字を書いているという気持ちで、筆も自分の一部ということになります。習うことは慣れることだと思います。

書道において、背筋を伸ばし、体の緊張を抜き、心を書に集中していくということは仏教の瞑想に通じます。墨をするときに、墨の匂いがしますが、お線香の匂いが心を落ち着けていくのにも似ています。

ゆったりと教え、自分でも筆を持ついい機会です。参加されている人も段をとるために来ているというのではなく、ただ字を筆で書くことを楽しんでいるという感じがします。習字の時間は私にとってもリラックスできる時間です。ある人は習字をすると緊張して肩がこるとか、手本どおりにいかないとフラストレーションがたまるという人もいますが、楽しんでやっていればいいのでしょう。

お習字は書く人の性格が表れるのです。せかせかと慌てて書く人もいれば、ゆったりと書く人もいます。おおざっぱにできればいいという人もいますし、細かいところまでしっかりと書く人もいます。

筆は柔らかいのでいろんな表情が表せるのです。筆圧によって、力強い線にもなれば、弱々しくもなります。筆運びの速さによって、どっしりとした字にもなれば、リズミカルな字にもなります。

友人に渡した書

書道は腕を使って書くのではなく、身体全体で書くように心掛けます。小手先だけで書くものではありません。日本の習いごとというのは仏教に通じていることが多いのですが、書道もまさに、書を通して悟りの道を学んでいるのですね。

　日本の文化の根底に流れる精神面はまさに仏教に支えられているといってほぼ間違いでしょう。「道」とつくものは悟りの道という意味になりますので、仏教的ものの考え、自己を本当に知っていく仏教の精神があるのです。

　書道をはじめ、茶道、華道から柔道、空手道に至るまでの道がありますが、一つのことを極めれば必ず真理、悟りに至るのだという考え方です。仏教でいろいろな宗派がありますが、基本的には同じ考え方です。それぞれの宗派がそれぞれそれを極めることによって真理に至るのです。——ＴＫ拝

Let me begin my "Blog" now !：ブログ始めま～す！

　ブログというものを始めることになりました。十二月の末から練習も兼ねて、少しずつ書くようにしていましたが、朝のお参りの後で、一時間ほど使って書くことにするのがいいだろうと思うようになりました。とにかく日課のようにしておくと何とかなるのではと思ったのです。

　タイトルは英語にしておいて、中身のほうは日本語で書くという感じで、中の文章は口語体にして書くことにしました。難しい言葉、特に仏教語はなるべく避けるようにして、また写真もできるだけ使うようにしました。新たに小さなデジタル・カメラを購入し、どこに行くときも携えるようにし、何となくブロッガーになった感じです。まだほとんど何も始めていないのですが、気分は上々です。

——ＴＫ拝

Saturday Dharma Gathering：土曜の法座

月に一度、二週目の土曜日に儀礼を長めにし、討論を中心とした土曜法座を開いています。英語の法座ですが、日曜のように大人数ではなく、少人数で自由に教えや日常のことなどを話し合える、いわゆるディスカッションを中心に行っています。

午前十時に始まり、黙想から始めます。呼吸を整えること、肺ではなく腹で呼吸をすること、そして、特に米国は言葉の文化ですので、沈黙の大切さを学び、心を落ち着ける意味でも、黙想は大切なのです。十分~十五分の黙想をし、そのあと、お経を読みます。

パーリ語でブッダンサラナンガッチャーミ、ダンマンサラナンガッチャーミ、サンガンサラナンガッチャーミという『三帰依』を三回称えます。小乗仏教ではこの『三帰依』と『五戒』を称えます。それに続いて英語のお経を読みます。『般若心経』の英語訳を読むのですが、そこには大乗仏教の根本とも言える空の世界が説かれています。

それから、浄土教のお経『重誓偈』を読経します。これは阿弥陀仏の根本たる四十八願をまとめた偈文（詩になった部分）です。それに引き続き、親鸞聖人の書かれた和讃を三首ほど、雅楽の越天楽の節で読みます。

それから、念仏を五分ほど称え続けます。米国人にとって「ナモアミダブ」と念仏を称えることは不自然極まりないことでありますが、何度も称えていると自然になってくるのです。「習うより慣れろ」

です。

最後は回向句で終わります。自分だけが救われるのではなく、一切のものが救われるよう願う利他の心と言えましょう。

こうして勤行が終わった後、門徒リーダーのディミトリィさんがお釈迦さまの言葉の引用を読み、それを中心に討論を始めます。そこでは個人の意見を述べることもあれば、自分の体験を語ったり、こちらに質問してきたりもします。その引用とは別に疑問に思うことなどを持ち出すこともOKです。

この後、お茶の休憩を挟み、お昼前から午後一時まで、お経の講義クラスがあります。今は『阿弥陀経』を読んでいます。浄土三部経の一つで無問自説経と言われ、お釈迦さまは誰に頼まれるでもなく、自らこのお経を説かれたところからも大切にされているのです。詳しい話をするため、なかなか先へ進みませんが、じっくりと一句一句を深く広く理解することは大切なことです。——TK拝

Sunday Service at the NYBC：ニューヨーク本願寺の日曜法座

日曜は忙しいと言いましたが、具体的にはどんな感じなのか書いておきます。昨日の一日はだいたいこんな感じでした。

＊午前六時半に仏教会館の二階の仏間でお経をあげ、隣の建物の本堂に行き、十時半から始まる日曜の法要の準備を始める。

＊お内陣の掃除をし、椅子なども綺麗に並べ、会報やお寺の案内のインフォメーションなどを整理。

＊その後、会館四階の部屋に帰り、お仏飯用にお米を炊いておく。その間に、今日の法話の準備。

テーマは会報に前もって書いているのですが、それについて最後のまとめをします。今回は「謙虚であることの大切さ」というテーマの法話です。

＊九時に花屋に行く。

ブロードウェイと一〇七丁目の角にある近所のアカデミー・フローラルという花屋で買います。普通は花を土曜日に生けるようにしているですが、たまたま今回はお寺の太鼓グループ（僧太鼓といいます）が本堂で新年会をしていたので、日曜の朝に生けることにしていたのです。花もフレッシュなのがいいです。

前日が雪で、夜半に雨まじりの雪になりました。そのため、今朝は花を買いに行く途中、歩道が凍りついていて滑ってしまいそうで、危ない感じでした。ゆっくりとリバーサイド・ドライブを歩いて一〇六丁目の角にさしかかると、近所の黒人の夫人が「歩道を歩かずに道路を歩けばいいよ」と教えてくれました。道路は除雪車が綺麗にしてくれているので、滑る心配もないのです。日曜の朝はあまり車も通っていないので車道を歩くのは正解でした。Great Advice!

＊花を買って帰り、花を生ける。

私が自分で生けます。一応、池坊流の仏前立花です。西本願寺はお花は池坊、お茶は藪内流となっています。

＊法要の三十分ほど前に、お仏飯を盛り、果物をお供えし、灯明をつけ、お線香をたいておき、尺八のCDを流し、門の鍵を開けて準備完了。

＊十時半から日本語法座。黙想、皆で一緒に読経、日本語法話、讃仏歌。
さすがに雪で、おまけに歩道も凍っていましたので、日本語のお参りは、五人ほどでした。ある意味安心しました。来る途中で、ひっくりかえって怪我でもしてもらっては大変です。日本語のほうへ来る人はお年寄りの方が結構多いのです。
＊十一時半から英語法座。黙想、皆で一緒に読経、英語法話、讃仏歌。
その後、英語の法要ですが、こちらには四〇人ほど来ておられました。なぜか今日初めて来たという人が一〇人もいました。毎週、二、三人が初めて来た人ですが、それに比べると三倍の数です。

この日の司会は日系三世のトレイシーさん、お経本を渡したりお寺に来た人を歓迎するグリーターの係は、日系二世の管さんと白人女性のサンドラさん、そして、門徒リーダー養成講座を終えて読経などを手助けする住職補佐は、お寺の理事長でもある白人のゲリーさんでした。

人種構成としては、白人、黒人、ヨーロッパ人、アジア人、日本人。人種を超えていろいろな人が来られます。年齢層も普段は二十代～八十代と広く、この日は雪のためかほとんどが二十代～四十代の人たちでした。
＊法要後（十二時半）、お茶、持ち寄り（パットラック）の軽食を頂く。
毎週、いろいろな人がいろいろな食べ物を作って持ってこられます。週によって、とても豪華なときもあれば、この日のように、貧弱なときもあるのです。雪のため道路が凍結して、マンハッタンの郊外から自動車に乗ってお寺に来られる人たちは、家から出られなかったようです。言うまでもなく、自動車で来る人は食べ物を持ってきやすいですが、彼らは来られませんでした。地下鉄や歩いて来る

人たちは道が滑りやすいので、なるべく何も持たないようにしてこの日はお寺に来られました。来週は親鸞聖人のご命日の報恩講ですので、期待できます。もちろん、「食の多少を言うなかれ、味の濃淡を問うなかれ」で何でも有難く、合掌して頂くものです。

これで日曜の法座は終わりですが、午後からもたいてい何か予定が入ります。壮年会や理事会の月例会議、特別イベント、門徒代表者の研修、年忌法要の依頼などです。

＊午後二時に日系人、日本人のお年寄りが多く入っておられるイザベラ老人ホーム（アップタウン、一九一丁目）での新年の企画に参加。お寺を一時過ぎに出て、地下鉄で現地に向かう。

これは、お寺の会員のマリさんが企画した老人ホームにいる人たちに日本文化、日本のお正月を楽しんでもらうというもの。私もその企画を最初から手伝っていました。そこでは、生け花、書道、百人一首、お餅などの料理を通して、四〇人ほどの老人と二〇人ほどの若者とが交流するのです。教えたり教え合ったり、共に歌を歌い、共に食事をするという和やかで微笑ましい会でした。

＊途中で抜けて、ミッドタウンのコミュニティ教会で開かれたインターフェイス（超宗派）の torture（拷問）反対の祈念集会に途中参加（三時半頃）。

ニューヨークでは宗教者たちが社会問題に積極的に関わることが多いのです。この拷問に反対する集会もそのひとつです。この会ではキリスト教、ユダヤ教、イスラム教、仏教の代表者がそれぞれお祈りなどをしていきます。私は仏教を代表して、非暴力、慈悲の実践という仏教の立場を簡単に述べた後、黙想し、原始経典の中にある「慈悲の瞑想」Metta Meditation を英語で読み、最後は回向句を称えました。

四時半に集会が終わり、スナックとコーヒーをその教会のソーシャルホールで頂きました。集会に来ている人たちは仏教はあまり知らないという人が多いのですが、そんな人たちから「とても心に響きました」「静かに自分自身を振り返る時間を有難う」などと言われると、来てよかったという思いになります。

＊午後六時過ぎに帰宅。それから食事をとり、Eメール、電話をチェックして、昨日のブログを書く。一日中、動き回っていた日曜日でしたが、たまたま特別忙しい日であったというのではなく、だいたい、こんな感じでやっているのです。

＊風呂に入り、十一時過ぎに就寝。——TK拝

Plane Crash！：飛行機が墜落

昨日、一月十五日の夕方、「ラガーディア空港から飛び立ったUSエアウェイがハドソン川に落ちた」という電話が入ってきました。すぐ窓からハドソン川を見ますと、ヘンリーハドソン・ハイウェイの南に向かう車が渋滞しているのが目に留まりましたが、機体は見えませんでした。

ニュースを見るとミッドタウンのあたりに着水したということでした。幸い、一五五人の乗員・乗客は全員無事であったことを聞いて安心しました。

鳥がエンジンに衝突したためだろうということでしたが、その一報を聞いて、私の頭を過ったことは「またテロか？」ということでした。

二〇〇一年の9・11同時多発テロ事件から七年以上も経っているのですが、未だに飛行機の墜落というとテロを思い出すというのは私にとってそれだけ大きな出来事だったということです。過去に起こったことなのですが、いろいろな意味で尾を引いています。

ニューヨークを語る上で、9・11同時多発テロは大きな出来事です。同時多発テロについてはのちに詳しく話します。――TK拝

Wishing for Peace！：平和を念じて

昨日はトリニティー小学校の日本文化を学んだ生徒がその成果を紹介するオープン・ハウスに招待され、出席しました。ここ数年、毎年招待して頂いています。

米国、特にニューヨークはいろいろな国から来た人たちで成り立っていて、さまざまな国の文化を学ぶことはとても大切なことなのです。相手のことを理解することは平和を考える上でも大切なことです。相手を知らないことは誤解につながります。多くのもめごとは誤解からきているといってもいいでしょう。

四年生、五年生の生徒のクラス・ルームは日本のもので飾られていて、子供たちが先生と一緒に飾り付けもしたそうです。英語の俳句を作ったり、お茶やお花も経験したり、習字で「平和」という字を書き、折り紙で鶴を折ったり、昼食には子供たちが作ったキュウリ巻きと焼き鳥を父兄、生徒共々に楽しみました。

ここ五年ぐらいは毎年、この子供たちが折った千羽鶴を私のお寺で主催している八月のインターフェイスによる原爆法要に寄付してもらっているのです。この日も、子供たちの日本の歌の合唱の後、生徒の代表から折り鶴を手渡されました。

子供たちは広島の原爆で十二歳でなくなった佐々木禎子さんの物語を学び、平和を願って千羽鶴を折ってくれたのです。

9・11同時多発テロの後でも多くの折り鶴がニューヨークに送られてきました。この世界には多くの人たちが平和を願い、戦争や暴力で尊い人の命が奪われていくことを歎いている人は多くいるのです。「平和運動は挫折の連続なんだ」ということを知りながら、尚かつ平和の大切さ、自分の命だけでなく、すべての命の大切さを訴え続けていくことが肝要かと思います。

トリニティー小学校でのジャパン・ディ

広島で二〇〇六年に行われた平和大会に出席しましたが、そのときのゲストであったデスモンド・ツツ大主教が「これとあれ、私とあの人、自分と他人、敵と味方というように分けるのではなく、すべてを含めた〝私たち〟というように考えねばならない」と言われていました。自分だけよければいいのではなく、皆が幸せになって初めて自分も幸せになれるということです。これこそが大乗仏教の利他の精神、菩薩の精神です。

最後まで自分の正当性だけを訴え、自らを顧みないブッシュ大統領の退任スピーチにあきれる一方で、子供たちの平和の願いが世界中に届くよう、ますます仏教的慈悲の考え方、実践を説いていく必要があることを感じた週末となりました。——TK拝

Martin Luther King Jr. Day：キング牧師の記念日

今日一月十九日は、米国は休日で、非暴力主義を提唱し、米国で黒人の公民権運動を展開したマーティン・ルーサー・キング・ジュニア牧師の記念日です。

私自身は前日にブルックリンの Our Lady of Mt. Carmel 教会で開かれた祈念式に参加し、仏教を代表して読経、仏教の慈悲の教えについて話し、今日は午後からブルックリンにある Old First Reformed 教会でのキング牧師を讃える祈念行事に招かれ、仏教の瞑想を行い、また夕方は Holy Name Church でのインターフェイス祈念式典で仏教を代表して読経を行いました。

いずれの式典においても、非暴力主義、平和を中心としてキング牧師の遺志を継いでいくこと、それして新しく就任することに決まったオバマ大統領を応援していくことを勧めていました。

子供たちが作った千羽鶴を受け取る。
（原爆法要で使わせてもらう）

この日に「平和」を考えることはキング牧師の記念日にふさわしいトピックと言えましょう。——

ＴＫ拝

Best Wishes to Obama, our New US President !：オバマ新大統領の誕生

一月二十日は初の黒人大統領就任という歴史的な日となりました。

さすがにワシントンＤＣにまでは行きませんでしたが、家でコラムを書いたり、お寺の会報を作りながら、朝から夜までテレビを見ておりました。ワシントンＤＣの教会から、ブッシュ大統領との茶会、大統領就任式、昼食会、パレード、パーティでのダンスまで、この歴史的な一日をしっかり見せて頂きました。

「自由、平等」とは言われるものの、人種差別があり、白人優遇社会であることは米国に住んでいると感じるものです。人種の壁は米国の大きな障害となっていただけに大きな意味を持っています。初の白人でない大統領が誕生したのです。

言葉だけではなく、真に人種の壁を超えて、自由で平等な国であるアメリカが誕生したのだと感じました。「私たち、人民」ということをしきりにオバマ大統領が言っておられましたが、「人民の、人民による、人民のための政治」というリンカーン大統領の言葉を実感した日でした。

だからこそ二〇〇万人以上の人が、人種を超え、赤ちゃんからお年寄りまで、アメリカ中からこの日を祝うためにやってきたのです。誰に強制されたわけでもなく、自分たちの意志で集まってきたの

です。全米各地でお祝いがなされ、私の子供が通っている高校でも、全員講堂に集まり、大統領就任式を見たと言っていました。

私にとっては、「責任」と「平和」ということが印象に残っています。権利ばかりを主張してきた米国人が責任ということを問題にすることになったことを嬉しく思いました。

仏教の教えに「業」カルマという考えがありますが、もともと行為ということです。これは、カースト制度の生まれによって人の価値が決まるという考えに対して、行為によってその人の価値が決まると主張したのです。それはそのまま自分の行為に対して責任を持つということになるのです。

平和に関しては、特に核問題のことに触れ、戦争のリーダーではなく、平和のリーダーとして諸国と協力していこうという姿勢は、ブッシュ政権時代の利己的な米国とはまったく違う点でありましょう。是非ともオバマ氏には在任中に広島、長崎を訪れる初の米国大統領となって頂きたいものです。

就任式の前日はアフリカ系米国人公民権運動の指導者キング牧師の記念日でありましたが、非暴力主義を実践した人であり、ノーベル平和賞を受賞した黒人の英雄です。オバマ大統領とキング牧師を重ねて見る米国人は多いのです。

非暴力主義を掲げて、世界における真の平和のリーダーとなってもらいたいものです。言うまでもありませんが、非暴力のもとを辿ればお釈迦さまに辿り着きます。キング牧師はガンジーから、ガンジーはアショーカ王から、アショーカ王はお釈迦さまから非暴力、慈悲の伝統を受け継いだという格好になります。

本当は唯一の被爆国であり、戦争放棄の平和憲法を持つ日本が平和のリーダーとなるべきだとは思うのですが、今の日本にそれは期待できないのが残念です。憲法九条が泣いています。

それにしても、米国という国は何が起こるかわからない、面白い国です。オバマ政権の健闘を心より念じます。

もう一つの嬉しい点は、オバマ大統領は私と同年に誕生されており、同年代の人が活躍する姿を見ることは何となく自分のことのように思えて嬉しいのです。ともかくも、感動の一日でした。――T K拝

P.S.：追伸

補足：オバマ大統領就任演説の中でキリスト教、ユダヤ教、イスラム教、ヒンズー教の名前があげられながら、仏教がその中に出てこなかったのをどう思うか、と何度となく聞かれました。

仏教の名が出てこなかったことはもちろん残念でしたが、彼の演説そのものが仏教の教えに基づいているものであると感じましたので、そのことで私は大満足だった、と答えました。私にとっては仏教の理念で米国が動き出したことに感動しました。

浄土真宗の米国仏教団からは、小杭総長が招かれてワシントンDCの就任式に出席されていましたので、9・11のときのように仏教が完全に忘れられていたのではありませんでした。

もし今度、オバマ大統領が宗教に関して触れるときには、是非とも仏教の名をあげてもらえるように、仏教徒も米国、日本、世界の真の利益となるような貢献をしていくよう頑張りたいものです。

――ＴＫ拝

Candlelight：ロウソクの火

先週末から、京都よりニューヨークでのギフトフェアに出店するためにお客さんがお寺に泊まっておられるのですが、預かりものとしてロウソクを持ってこられました。これは数年前から京仏具の小堀さまから和ロウソク（朱蠟）の寄付を頂き、毎年八月五日に行っています広島・長崎原爆平和祈念式典の平和行進で使わせて頂いているものです。

ニューヨークの人々の心に平和の灯火を点せればということで、日本で法要に使われた和ロウソクを有効に使わせて頂いています。さまざまな宗教でロウソクは使われます。ある意味で、宗教の共通なものが火を焚くということでしょう。

仏教ではロウソクの火は、煩悩の暗闇を破る「智慧」の意味で使われます。ですから、仏壇あるいはお内陣に点されている灯明は仏さまの智慧を表しているのです。

またお釈迦さまが最後に残された言葉に「自灯明、法灯明」とありますが、ここでも灯火をたとえに使われています。行くべき道を示してくれる教えということになるでしょうか。こういうところから、希望のような意味もでてくるのでしょう。西洋の宗教ではこの希望の光という意味で言われることも多いように思われます。

その火が太陽のように大きくなると、人々を護り導いて下さる、慈悲の光として表します。「一一の光明はあまねく十方世界を照らし、念仏の衆生を摂取して捨てたまわず」（『観無量寿経』）というようにです。

考えてみると火を使う生き物は人間だけですね。それもただ火を使って料理を作ったりするだけでなく、宗教的なもの、聖なるものとして火を使っているのです。火と人は切っても切れない縁のようです。

9・11以降、マンハッタンのモニュメントのような場所にはキャンドルがたくさん点されていました。ニューヨーク市民が同時多発テロで命を失った人を追悼するために、キャンドルを点したのです。お寺の前の親鸞聖人像にもやはりキャンドルが供えられました。

この和ロウソクは有難く頂戴、八月五日の原爆法要で大切に使わせて頂きます。——TK拝

Interfaith Retreat：インターフェイス・リトリート

昨日は、マンハッタン郊外にあるストニー・ポイントのリトリート・センターで行われたインターフェイス・セミナーに参加しました。「中傷犯罪」（ヘイト・クライム）ということをテーマにしてニューヨークの宗教家、社会活動家、ソーシャル・ワーカー、警察官などリーダーたちがあわせて八〇人ほど集まりました。

プレゼンテーションの後、活発な討論が行われ、さまざまな情報交換がなされ、体験などを分かちあう機会を得ました。宗教の立場、法律の立場、教育の立場など、いろいろな角度から論議がなされ

ました。

米国の中傷犯罪の中の大部分は宗教や人種が原因で起こる場合が多いのですが、その中でも反ユダヤ主義、反同性愛、反黒人、反白人、反イスラムが多いそうです。反仏教はあまり聞きませんが、もしお寺のシンボルの卍をこちらで使うと大きな問題となるでしょう。

日本あるいはアジアで卍のマークは仏教寺院の印として使われ、吉祥の意味で使われます。これをヨーロッパ、米国で使うとヒットラーのナチスを表すマークと考えるのです。

一人のパネリストから卍のシンボルについて、これは「世界共通なナチスの象徴だ」という発言があり、国が違えば同じものを見てもまったく違うことを考えるということがわかります。また、出席者の中の七十歳ぐらいの米国女性が「卍がそんなに昔からある聖なるマークであることを今日まで知らなかった」と言っていました。

それにしても、卍のマークは仏教だけでなく、ヒンズー教、ジャイナ教、アメリカン・インディアンなどが何千年も前から使っている聖なるマークなのに、ナチスのために、こちらでは使えないというのも考えてみるとおかしな話です。

そこから、仏教、ヒンズー教、ジャイナ教の出席者で、この話題について話し合うことになりました。そして、今度、あらためて州の代表者とも話し合い、ヒットラーはハーケンクロイツ（正確には卐で、向きが反対）として、聖なるシンボル卍をゆがめて使ったこと、本来は平和、幸福、といった意味をもっていることを米国人にもはっきりと知ってもらうように運動していこうということになりました。

バッテリー・パークでの平和進行の祈念式典

一つの宗教では力が弱いかもしれませんが、いくつかの宗教が共通のテーマで集まり、それに対して協力して動いていく機会をこの度のインターフェイスの集まりは与えてくれました。

以前のセミナーでは教育問題、移民法、裁判制度、高齢化問題、環境問題などを話し合い、いろいろな宗教が一緒になってそれらの問題に取り組み、具体的な行動を行うのが、このプログラムのねらいとなっています。

宗教がもとで壁を作ってしまうこともありますが、宗教間で協力して何かを成し遂げようとすることは、狭くなってきているこの社会にますます必要とされることではないかと思っています。

昨日のブログで広島・長崎の原爆に触れましたが、この原爆祈念式もインターフェイスで行いますが、平和のために宗教間で協力していくということになるのです。

一人の力には限りがありますが、幾人もの力が集まれば、限りない力が恵まれるのですね。――TK拝今日は朝からニュージャージー州にあるシーブルック仏教会へ用事があり、後輩の僧侶中田氏を伴い、朝から出かけました。シーブルックは自動車でニューヨークから南へ二時間半ほど行った場所にあります。フィラデルフィアからだと自動車で一時間もかかりません。途中、フィラデルフィアに立ち寄り、そこで昼食をとることにしました。

ボリュームたっぷりのフィリーサンドウィッチ

フィラデルフィアの名物といえば、フィリーサンドウィッチだということでこれを昼食に食べようと歩きました。ところが、以前に食べておいしかったと思ったレストランが見つからず、独立宣言の起草地なども覗きながら、一時間近く歩き回ることになりました。もうあきらめるかと言っていたときにそのビルを見つけたのです。そのビルに入ってみると、土曜だというのに店が閉まっていました。もしかしたらつぶれてしまったのかと思い、その辺にいるおじさんに聞いたところ、「冬場は人が来ないから週末はお店をしめているよ」と言われました。「もしかしたら、隣のビルのショッピング・センターにあるかもしれないよ」と言って、行き方を教えてくれました。

もうこれで見つからなかったら、適当に何か買って食べようと言いながら、隣のビルに向かいました。そこで案内図を見て、フィリーサンドを置いていそうなレストランを探しました。そして、ピザなども一緒に売っている店でフィリーサンドをとうとう見つけ、食べることができたのです。もうとっくにお昼を過ぎ、午後二時になっていました。

「最後まで希望を捨てなくてよかった！　意志あるところに道は開ける。いつか求めているものに遇えるもんなんやね」と言って、中田氏と共に笑いました。

少々サイズの大きいのには驚かされましたが、結局、すべて平らげてしまいました。ともかくも、頑張って歩いた甲斐がありました。——ＴＫ拝

Monthly Memorial Service：祥月法要

昨日は二月の祥月法要がありました。一週目の日曜は祥月法要になっていまして、法要の最初にその月に亡くなられた方のお名前を読み上げます。

米国のお寺では、日本のようにお坊さんが檀家さんの家に行ってお経をあげるというような檀家参りというシステムがありません。お寺に檀家の人が来られるのです。お葬式でも、お寺、あるいは葬儀社で行う場合がほとんどで、家ですることはまずありません。

「毎週日曜のお参りをするときに、どんな話をされるのですか」という質問を頂きました。もちろん仏教の話をするのですが、毎週違う話をしますので内容は異なります。

どう答えるのがいいのかと考えていましたが、機会があるときにどういう話をしたのか書くように

しようと思います。ウェブサイトに月の予定が掲示されていますが、そこに法話のタイトルも書いています。

話の内容はその時期にあったもの、関心事などに関連させながら話をするようにしています。たとえば、先月は親鸞聖人のご命日の月でしたので、毎週親鸞聖人の生き方から学ぶということで法話をしました。

タイトルだけ紹介しますと、一月四日は「常に学生であること」、一月十一日は「謙虚であること」、一月十八日は「求道者であること」、一月二十五日は「念仏の行者」という感じです。

今月はお釈迦さまのご命日がありますので、お釈迦さまの涅槃に関するあたりを話すことにしています。昨日はお釈迦さまの遺言にあたる言葉で「自灯明、法灯明」(自らを灯明とせよ、法を灯明とせよ)というタイトルで話しました。お釈迦さまが八十歳でインドのクシナガラの沙羅双樹のもとで涅槃に入られる前に、弟子たちに残された言葉で、ここには仏教の真髄が説かれています。

基本的に仏教の教えることとは、自分を知るということ、真理(法)を知るということに尽きるのです。またそれは仏弟子として、自分の人生に責任を持ち、真理の教えに責任を持つということになります。いろいろなものに惑わされない目を持つこと、自分の目で確かめることが大切なのです。「自らを灯明として、他を灯明としてはいけない」という言葉は、たとえお釈迦さまが言った言葉であっても、それを鵜呑みにしてはいけない、自分で確かめ、体験していくことが大事だ、と言われているのです。

新聞やテレビで放送されていることでも一〇〇パーセント正しいことはまずないのです。私もいろいろな新聞でインタビューをされたことがありますが、私の言ったことの六〇パーセントぐらい正しければ良しとしています。「自分の言いたかったポイントはそこではないのだが……」ということもよくあります。

どうしてもインタビューする側の主観が入ります。新聞なら活字の大きさや長さによってニュースの重大性が変わります。同じことを言ったとしても、その分野の専門家が言うことだと信じますが、肩書きのない人の言葉だと半信半疑になります。ましてや人のうわさなどをまともに信じるとバカを見ます。

今は情報社会といいますが、基本的に流されないようにすることです。そのためには自分の目でしっかりものを見て（自灯明）、本質を見極めること（法灯明）が大切になります。

……というような感じの法話でした。全部を書くのは大変なので、少し要点だけ書き出してみました。時間的には法話は二十分前後で終えるようにしています。——TK拝

English Dharma Talk：英語の説教

今日は少し英語のことについて書いておきます。一口に英語で法話をすると言っても結構大変なことなのです。

私は日本生まれの日本育ちです。大学まで日本で教育を受けていましたので、英語は日常の会話すら大変でした。ですから、英語で仏教の話をするのが大変なのは言うに及びません。僧侶としてこちらに来たのが一九八五年ですが、その当時は毎日が英語との闘いという感じでした。

最初のお寺はシアトル仏教会でここでも毎週お寺のお参りがあり、普段なら三人の僧侶がいるはずだったのですが、たまたま英語専門の僧侶が転勤になり、しばらく（六カ月）、私が英語のことをすべて担当せねばならなくなったのでした。米国に来たばかりで、右も左もわからないのに加えて、英語を担当せよ、と言われても無茶なことでした。

シアトルに赴任する前、三カ月ほどサンフランシスコ、バークレーのほうで研修があり、英語のESLクラスを取っていましたが、それだけではまったく間に合いませんでした。

日曜が来るのが苦しみでした。英語で法話を書くだけでも大変で、それを今度は皆の前で話すのですが、とにかくしなければならないという状況におかれていました。それだけではなく、お葬式や法事、結婚式もするわけですが、そのときも英語でするのですから、英語地獄という感じでした。

あるときは英語があまりできないということで、結婚式を連続して断られたこともあります。落ち込みもしましたが、見返してやろうという気持ちもあり、それから英語の家庭教師をつけてもらい、英語にもっと専念するようになりました。

結構、負けん気は強いほうのようです。数カ月すると、大学（コミュニティ・カレッジ）で英語のESLクラスではなく、一般の授業を一つずつ聴講するようになりました。自分の興味のあるクラスを順々に取りました。

スピーチ、英作文、心理学、少数民族の歴史、言語学など、自分の役に立ちそうなクラスを片っ端から取っていきました。単位取得のためでないので点数は関係ないですから、楽な気持ちで授業が取れました。何でも楽しんで学ぶことが一番だと思います。

考えてみると、中学一年のときは英語が苦手だったのですが、ギターが当たってから（ペプシの王冠六個を送ってアグネス・チャンのサイン入りギターが当たるというのがあり、みごとにギターが当たったのです！）、フォークソング、ロックに興味を持ち、そしてビートルズのファンになりました。英語の歌を歌うようになり、突然英語の成績が良くなったのでした。

「好きこそものの上手なれ」で、好きなものは自然と興味がわき、いろいろと知りたくなり、身についていくものですね。中学二年のときには、苦手であった英語が得意科目になっていましたから。

余談かもしれませんが、言語を学ぶのに歌を使うのはいい方法です。単語や言い回しも覚えるし、イントネーション、発音なども気をつけたりするようになるからです。その意味では、私の英語の教科書はビートルズの歌だったのです。「習うより慣れろ」ということで私は暇なときは、テレビや映画を見るようにしています。一生懸命聞き取るというのではなく、わからなくてもただ見るのです。英語のラジオなどもつけておくと、自然に英語が入ってきます。

よく思うことはただ単に英語を話せるだけではなく、米国人の考え方、価値観、文化などがわかってこそ、本当の意味で英語を話せることになると思うのです。その意味では、私もまだ学ぶことが多々あります。

自分を主張する文化だけあって、英語では自分の主張を通しやすいですね。英語はストレートです。それに対して、日本語は無我で、自分を主張しにくい言葉です。日本語はカーブです。英語には必ず主語、述語がいりますが、日本語はよく主語を省略します。

法話に戻りますと、英語で話す場合はどうも直接的であり、事柄がはっきりします。日本には仏教語がたくさんあり、そのためわかりにくいことも多いのですが、英語には仏教語はほとんどありません。キリスト教で使われる言葉を変に使うと仏教がキリスト教のように聞こえてしまうこともあります。このあたりが難しいところです。

文化圏が違い、価値観が違う米国で、仏教特有の価値観を英語で説いていくことが一番苦労するところです。

単語一つにしても、どの英語を使うのがいいのかは今も議論されますが、答えはなかなか出ません。たとえば、信心という言葉をどう訳すのか。Shinjin, Faith, Shinjin-faith, Entrusting Mind, True Mind, Endowed Mind 等があります。それぞれ言い分がありますが、どれがいいか決まっているわけではありません。どれももう一つということかもしれません。

私はカリフォルニアにいるとき、言語学で修士を取りましたので、少しは言語については敏感なつもりです。ある意味、仏教語も英語と同じで、日本人にとって第二外国語になっているのかもしれません。――TK拝

East vs. West (part 1)：東洋と西洋（1）

フラッシングで開かれていた中国（台湾）のお茶の展示会に行ってきました。そんな中で東洋と西洋の違いについての話になりました。

私は最近、東洋と西洋は基本的にまったく違う文化と捉えたほうがよいと思うようになっています。

もちろん東洋といっても私の知っている東洋は日本で、仏教的立場という意味です。西洋と言っても私の知っている西洋は米国です。

ほとんど逆だと思ったほうがいいのではと思います。宗教的に言えば、西洋が一神教であるのに対して、東洋は多神教。聖書は一つですが、仏教の経典は八万四千あると言われます。西洋では個人を重んじますが、東洋では団体を重んじます。我の宗教に対して無我の宗教、言葉の宗教に対して沈黙の宗教、剛の宗教に対して柔の宗教、という具合で、あげればきりがないのです。

私も日本にいるときは、いわゆる「西洋かぶれ」派でありましたが、米国に来てから、日本は西洋にない素晴らしいものをたくさん持っている、と認識し始めました。今では、日本は古来から培ってきた価値観、特に仏教的価値観を大切にするべきだと思っています。

日本では仏教といえば、古くさいというイメージがあるかもしれませんが、米国では仏教といえば、新しく新鮮なイメージを持っています。価値観が違うということは、そこに今まで持っていたものとは違った世界を見せてくれるということなのです。

今の日本では価値観といえばお金ぐらいですが、それでは日本が世界のリーダーとなることは無理でしょうし、リーダーになってもらっては困ります。それよりも日本にはもっと多くの誇れる価値観があると思っています。仏教もその一つです。江戸時代までの仏教は生きていました。寺院などの形ではなく、仏教の精神を復活させると日本は変わるでしょうね。和の精神、寛容の精神、慈悲の精神、縁起思想などです。

ただし今の日本の多くのお寺は自分のお寺の経営のことばかり考えて、お寺までがお金の価値観で動いているようです。大乗仏教の利他（自分よりも人々の利益を優先する）の教えはどこへやらです。宗派で争う暇があったら、協力して今の日本を引っ張っていこうと相談したほうがいいですね。

先月もあるニューヨークの雑誌の編集長さんと話していたのですが、日本でホームレスの人たちが増えているようですが、お寺は境内を開放したり、食事を供給してあげるべきだと思います。

米国であれば、教会がホームレスの人々のために食べ物を与えたり、境内をシェルターとして使ったりして、救済をはかっています。日本のお寺ももっと社会に開かれたものでなければならないと思います。お説教は口だけでするものではないはずです。身体をもって利他の実践を考えてもらいたいとひそかに思うものです。

西洋の宗教を見ていて、すごいと思うことはこの行動力です。動いてばかりいるので、「もう少し考えてから、行動せーよ」と言いたくなることもありますが、それにしてもすぐ実行に移す能力は見習わねばなりません。

第九条の戦争放棄は、世界に類を見ない慈悲、非暴力主義を説いた素晴らしい憲法でありますし、原爆で多くの犠牲を出した日本、唯一の被爆国である日本が戦争の恐ろしさ、悲惨さを伝えていく上でも大切な条項です。

中東やアフガニスタンの問題で軍事要請が来たときに、日本は応えられなかったといいますが、本当に日本がせねばならなかったことはフランスなどが行ったようにあくまで攻撃に反対することであり、友好関係を結んでいるということはただ相手の言うままになっているということではなく、意見も言い合える関係であるはずです。

核開発をしようとしている国、また核兵器を持っている国の代表者には必ず広島・長崎を訪れ、核を持つことの意味を認識してもらうべきでしょう。また第九条を諸外国にもその憲法に付け加えるように進言して、世界に第九条憲法運動を起こしていくような外交があってしかるべきだとも思います。

私としては「憲法第九条を世界に発進せよ」と言いたいところですが、日本では逆に九条を変えて、戦争できるようにしようという動きがあるようですね。米国に押し付けられた憲法だからというのなら、私としては米国自身が米国の憲法に第九条を加えるようにもっと訴えていけばいいと思いますね。

少々過激な発言なのかもしれませんが、世界で多くの人々、罪のない子供たちも殺されている現実を見据えるならば、平和憲法を持っている日本こそが本当の意味で、諸外国に戦争をやめるように言える位置にあるはずです。

日本にはもっと世界に対して真のリーダーシップを発揮してもらいたいと願っています。日本人はもっと自分の持っているものに自信を持つべきです。それだけの持ち駒があります。

最近で、よかったと思ったことと言えば、中国のオリンピックの聖火出発になっていた長野の善光寺さんが中国の人権侵害問題、いわゆるチベット問題を理由にそれを辞退したことでしょうか。「まだ日本仏教は生きていた!」という感じでした。

いろんな価値観があっていいとは思いますが、私は今の世界を本当に救えるのは仏教の価値観だと思っています。「蘇れ、日本仏教!」。——TK拝

East vs. West (part 2)：東洋と西洋（2）

もう少し具体的な例で価値観、感覚の違いを説明しておきましょう。

「太陽は黄色い」

太陽は「赤い」の間違いだろうと思われたでしょうか。「何を言いだすんだ。太陽は赤いに決まっているじゃないか」「これは禅問答か」と言われるかもしれません。実は、これは単なる米国人の目から見た常識を言っているに過ぎないのです。

日本では太陽が赤いのが常識なのでしょうが、これは日本で通じる常識なのです。米国人に太陽は何色かと聞くと「黄色」と答えます。たとえ私がこう言っても「そんな訳ないだろう」と思っている頑固者もいらっしゃるでしょう。機会があれば、米国人に直接聞いてみて下さい。

日本の国旗が日の丸で赤い太陽だから、そのイメージが頭にこびりついているのかもしれません。夕日の太陽は赤いのです。しかし、昼間の太陽はどうでしょうか。「赤い」とは言えないでしょう。白や黄色に近い色をしています。そうしますと黄色といっても全然おかしくないのです。太陽は赤いという常識は日本人の常識ではあっても米国では通じない常識なのです。

と、このように言っている私の中でも日本人の感覚では太陽は赤いと思っていたのですが、最近の子供たちは違うようです。二、三年ほど前にニュージャージー州にある日本人学校に講演を頼まれて、中学生に話をしたときのことです。

西洋と東洋の違い、米国人と日本人の見方の違いということでお話をしておりまして、その一例として生徒たちに「太陽は何色ですか」と聞いたのです。すぐに「赤」という言葉が返ってくることを期待していたのですが、「白だ」とか「青だ」と子供が答えたので驚かされました。皆さんも近所の子供たちに太陽の色を聞いてみて下さい。

太陽の色は一例に過ぎませんが、海外に住むと感じることは、日本での常識は日本での常識であっても、他の文化圏に住むとその常識は必ずしも通用しないということです。こう言っている私自身も太陽が赤くないということを初めて聞いたとき（二十年ほど前）は正直驚き、絶対そんなはずはない、と主張した頑固者だったのです。もちろん何人もの米国人に聞いて確かめました。

このように、同じ人間同士であっても、米国人と日本人とでは、同じ「太陽」という言葉を聞いても、そこに描くイメージはまったく異なるものになるということなのです。ならば、日本語をただ英語に訳したら米国人に通じるだろう、わかってもらえるだろう、というのは甘い考えということになるでしょう。特に文化圏の違う国にあることを知り、違う視点に立ってものを見ているということを理解することは何より大切なことだと思います。

私たちは同じ日本人なのだから、何でも同じに見ているかというとこれもまたそうではないでしょう。同じ一冊の本を読むにしても、興味深く読む人もいれば、つまらないと思って読む人もいるでしょう。中には途中でほうり投げる人もいるかもしれません。

自分の価値観、世界観の目を通して本を見ているということです。自分自身の好みを本の上に見ていることになるのです。モノの上に自らの心の投影を見ていながら、それを絶対だと思い込む、あるいは固執することを、仏教では「迷い」と言います。自分の見ている世界は自分の心が作り上げた世界であるのに、それを知らずにその心の影に踊らされて真実の姿を見失っていることが迷いであるのです。

その意味では本当に迷っている人は迷っていること自体を知らないということになります。よく私は人様に迷惑などかけたことがないという人がいますが、そんな人に限っていろいろな人に大迷惑をかけていたりするものです。自分ほど近くて自分ほど自分から遠い存在はないと言われますが、まさにこのことでしょうか。話が少し脱線してきましたので、もとに戻します。

常識は限られた中での常識であって、本来、常識というものは存在しない、あるいは存在していたとしても、絶対のものではなく、相対的なものに過ぎないのです。実際、私が米国に渡り、今まで約二十五年の月日が流れてしまいましたが、ここで経験してきたことは、常識というものの枠を外す作業の連続のような気がします。

ニューヨークに来てから、よくインターフェイス、宗教者の対話などに出席して思うことは、いろいろな視点があっていいということです。自分の視点を押し通すことよりも、他の視点を理解しようとする試みが大切であろうと思います。

より大きく広い視野を持っていくことが肝要だと感じます。——TK拝

My Busy-ness：私のビジネス

だんだんと忙しくなってきた感じです。お寺も毎年周期があります。

年末年始は除夜の鐘、元旦のお参りなどでバタバタと走り回り、忙しい中に、一年が終わり、一年が始まるのです。それが終わると静かな感じになり、それからやっと私のゆっくりとした正月を迎えます。

二月に入ると少々ものが動き出すようになり、米国仏教団の年次総会があり、全米の僧侶、信者の代表が集まる会議が一週間弱あり、すぐに二月が終わってしまいます。

そしてすぐに三月になり、目に見えて忙しくなっていきます。特にお彼岸の頃には、冬が終わり、今まで眠っていたものが動き出すように、いろいろな行事が入ってくるのです。お寺の行事もしかりですが、それに加えて、仏教連盟の行事、インターフェイスの行事が盛んになり、これが五月末まで続くのです。

六月に入ると少し忙しさのスピードが落ち始め、夏のバケーションの時期が近づいてくるに従って、落ち着いてくる感じになります。お盆行事はこちらでは七月に行いますので、そのため七月は少々忙しくなります。

以前は八月、九月は静かだったのですが、八月五日の広島・長崎原爆平和祈念式典と九月十一日の灯籠流しは他の団体とも一緒に行うため、その準備に追われるようになっています。

お寺活動は広島・長崎原爆法要以降は九月のレイバーデイ（労働者の日）まで休みになります。その後九月に入るとまた、忙しさが加速しだして、十一月半ばまであっという間に過ぎてしまいます。

十一月半ばからはサンクスギビング（感謝祭）、クリスマスという祭日が続きますので、お寺のほうは静かになっていきます。大晦日まで結構ゆっくりとした時間が流れるのです。——ＴＫ拝

It was 24 Years Ago Today！：ちょうど二十四年前の今日であった

今日二月九日は私の記念日です。今からちょうど二十四年前、一九八五年二月九日に米国に開教使としてやってきました。大阪の伊丹空港で皆に別れを告げて、サンフランシスコ空港に到着したのでした。

新しい人生の幕開けという感じで、不安と期待に満ちたフライトでした。緊張して、足が震えていたことを思い出します。使命感もありましたが、まだまだ不勉強な私で大丈夫だろうかという不安のほうが大きかったです。

まだ、つい最近の出来事のように思えますが、月日の流れには驚かされます。この日、サンフランシスコの本部に向かい、そこで何人かの先輩開教使の諸先生方にお会いしました。ある先生から「今日の気持ちを忘れないで下さいね」と言われました。「これから先、いろいろなことが起こるでしょう。道を逸れていくこともあるかもしれない、流されてしまうかもしれない。そんなときに、この日のことを思い出して下さい」。

それ以来、二月九日を迎えるたびに米国に赴任したときの気持ちを思い出すようにしています。「初心忘れるなかれ」ということですね。

源信僧都のお母さんの言葉ではありませんが、「世を渡る僧」ではなく「世を渡す僧」でありたいと思います。理想は高くありたいものです。――ＴＫ拜

Buddhist Council of New York：ニューヨーク仏教連盟

ニューヨーク仏教連盟はさまざまな国の仏教の代表者が集まって、毎月会議を持っていますが、もともとお釈迦さまの誕生をお祝いするヴェサックという行事を合同で行うというところから始まりました。

スリランカ、ミャンマー、タイ、ラオス、カンボジアといった小乗仏教の僧侶、中国、韓国、日本、ベトナムといった大乗仏教の僧侶、チベット密教の僧侶、そして米国人の禅宗のリーダーたちが集まります。

私自身は二〇〇一年から二〇〇五年までの二期にわたり、このニューヨーク仏教連盟の会長を務めました。ちょうど9・11の同時多発テロが起こった時期でしたので、何かと忙しいときでありました。現在はアドバイザーになっています。

このニューヨーク仏教連盟に初めて参加したときは、仏教の国際会議に来ているようで驚きましたが、今ではこのようにいろいろな仏教が集まることを自然に感じます。考えてみれば、皆国も違えば、言葉も違う仏教が、ニューヨークで英語という共通語を通して、お互いに会話、意見交換ができることはスゴイことです。

この連盟の会議は、毎月違ったお寺ですることになっていますので、それぞれのお寺の荘厳や、お経、また掛け軸などを見て、説明を聞くのを楽しみにしています。色などでも日本はどちらかというと落ち着いた感じですが、中国、韓国、チベットでは、キラキラと派手な色で飾られていて、どうも感覚が違うんだと思います。

一つ面白いなと思ったことは、南無阿弥陀仏という言葉は大乗仏教の共通語なんだということです。韓国のお寺に行っても、中国のお寺に行っても、チベットのお寺に行っても、阿弥陀仏や観音菩薩がまつられています。中国（台湾）のお寺では、「アミトフォ」（阿弥陀仏）と言って挨拶をされますし、阿弥陀仏はかなりインターナショナルな言葉であることが肌で感じられます。もともとサンスクリット語ですしね。

昨日は中国のお寺の佛恩寺で仏教連盟の会議が開かれました。いつもより中国のお坊さんの数が多かったです。

世界が狭くなってきているのですから、仏教も宗派を超えて、協力できる場を持つことが大きな課題と言えましょう。——ＴＫ拝

Positive Image of Buddhism：ポジティブな仏教のイメージ

毎週水曜日の夜、七時から八時半までメディテーションのクラスを開いています。また、月曜から金曜まで毎日、朝の六時半からも朝のメディテーションを行います。内容的には、呼吸を整え、心を呼吸に集中していき、結跏趺坐で座る。読経、念仏、仏典からの言葉を中心にしたディスカッション、または説法をします。

米国人にとって、仏教といえば「メディテーション」をイメージするのです。日本のように、仏教という言葉を聞いて、葬式を思い浮かべる人は米国人の中にはまずいないと言ってもいいでしょう。

たとえば、お寺にどんな電話がかかってくるかを考えてみてもその違いが顕著に現れます。日本人から電話がかかってくる場合は、大部分が法事、水子供養、先祖供養、葬式の相談で、「死」に関わることです。もちろん中には仏教のことが知りたい、日曜のお参りについて知りたい、メディテーションに参加したい、日本文化のクラスについて知りたい、というのもあります。

米国人からの電話で多いのは日本人のそれとは反対で、「メディテーションのクラスはあるか」「仏教に興味があるが、どんなクラス、お参りがあるのか」というように、教えや行事に関する質問が一番多いのです。その次に、日本文化に関することで、日本語を教えているか、武道のクラスはあるか、というようなものです。儀式に関しては少ないのですが、その中で言えば、一番多いのは、仏教で結婚式をしたい、というものです。葬式の電話もかかることがありますが、非常に少ないのです。

米国、特にニューヨークに来て有難いと思うことは、葬式仏教といった暗いイメージではなく、宗教としての仏教、古い歴史を持つ西洋には新しい宗教であり、仏教がとてもポジティブなイメージに捉えられていることです。日系人社会には葬式というイメージがありますが、一般米国人社会ではそれがほとんどないのです。

この二十年の間にあっても米国における仏教に対する理解は大分変わりました。私が来た当時は仏教に関する英語の本を買おうと思うなら、東洋のものを扱っている専門の書店に行かねばなりませんでした。それが今では、どこの書店でも仏教書があります。それも十五年前ぐらいは棚の一段ぐらいが仏教書でしたが、今は棚の全部が仏教書で埋まるくらいになっています。

映画で言えば、私が来た当初では、仏教が米国のメジャーな映画になることはあり得なかったのですが、『リトル・ブッダ』という映画以来、『セブン・イヤーズ・イン・チベット』や『クンドゥン』など仏教、特にチベット仏教のメジャー映画が作られ、今でもそれは続いています。

禅宗が一九六〇年代から鈴木大拙、アラン・ワットなどにより、少しポピュラーになりましたが、またそれからベトナム僧のテック・ナット・ハンにより、コミュニティ・オブ・マインドフルネスが知られるようになり、黒人層を中心に広まった創価学会も頑張っていますし、そして今はダライ・ラマ法王の影響で、チベット仏教が一番ポピュラーになっていると言えます。私の属する浄土真宗は米国ではほとんど知られていないと言っていいでしょう。もちろん日系人社会の中では知られていますが、普通の米国人は知らないです。

まだまだ米国の仏教の歴史は始まったばかりで、どう展開していくのかわかりませんが、見守っていきたいと思います。そろそろ念仏がポピュラーになってもいい頃かもしれません！　――TK拝

Nirvana Day & Pets Memorial：涅槃会とペット法要

二月十五日はお釈迦さまの入滅の「涅槃会《ねはんえ》」をお勤めしますが、毎年、ペットの追悼法要と一緒にしています。

ペットも家族の一員ですので、年に一度ですが、ペット追悼法要を営むようにしています。なぜ涅

槃会のときにするのか、ということですが、涅槃図を見られたことがあるでしょうか。

お釈迦さまが中央で、右腕を下に北枕にして、西に顔を向けて横たわっておられる絵です。その横には沙羅双樹があり、周りに仏弟子や菩薩、天女などがお釈迦さまの周りを囲むように集まっており、さらにその周りには牛や馬などの多くの動物たちが集まっているのが涅槃図と言われるものです。

その涅槃図を法要のときに掛けるのですが、そこにお釈迦さまの死を悲しむ動物たちが集まっているところから、さまざまな生き物を思う大慈悲の心がお釈迦さまの心であるから、それにちなんでペット追悼、一切衆生に対する追悼の日とすることにしました。

お内陣の前には、犬や猫の写真を飾り、皆の名前を読み上げ、読経中にお焼香をしてもらいます。お釈迦さまが説かれた仏教は人間だけでなく、すべての生きとし生ける衆生のために真理を説き、真理に導くものであったことを涅槃図は表しています。

十字架にかけられて血みどろになって亡くなったイエス・キリストとは対照的で、さまざまな問題に直面しながらも、平穏に八十年という長い生涯を終えていかれたお釈迦さまの徳が窺えるのです。慈悲の実践、非暴力主義ということが涅槃図にも表れています。――TK拝

Why Meditation?：なぜメディテーション？

メディテーションについて、浄土真宗なのになぜ、瞑想するのか、また具体的にはどのようなことをするのか、とよく問われます。中には異安心だと言うような人もいらっしゃいます。

メディテーションをやっていますと言っても、その定義はいろいろありまして、仏教では、基本的に、止観行ということになりますが、英語でメディテーションという言葉は「深く思う」ということですので、キリスト教やユダヤ教の人たちも最近はよくメディテーションという言葉を使っています。静かに座るだけでなく、お経を読むのも、メディテーションで通じます。ひと昔前はメディテーションとは「座禅」ということで禅宗のものという感じで捉えていた学者さんなども多いのです（特に浄土系の英語ができる学者さんたち）が、今はもっと広い意味で使える用語になっています。

では、「なぜメディテーションをするのか」というところから話しましょう。簡単に言えば、米国では必要だからです。日本における仏教の歴史は、聖徳太子から数えて千四百年以上経ち、鎌倉仏教からでも約八百年という背景があるのです。それに比べて、米国の仏教の歴史はまだほんの百年ほどに過ぎません。このギャップを何らかの形で補う必要があるのです。

メディテーション
（インドのブッダガヤにて）

仏教の常識というものを補うのに一番適しているのが、メディテーションであると、コロンビア大学のサーマン教授が以前に言われたコメントを聞き、なるほどと思いました。まず、米国人に対して、沈黙の大切さ、尊敬の心の大切さ、下っ腹（丹田）を中心に据えること、仏教の呼吸法などを、頭で知るのではなく、身体で知ることができるのがメディテーションなのです。

メディテーションをすることは私自身にとっても役に立っていると思っています。呼吸を整えることにより、心も整いますし、人前であがることもなくなります。

西海岸のお寺にいたときは、どちらかというとメディテーション反対派でした。西海岸のお寺では、お参りが始まっているというのに、ガヤガヤ騒がしいし、お経を読んでいる態度も姿勢は崩れているし、敬いの気持ちなどまったくない感じで、何とかならないものかなといつも思っていました。言ってすぐはなおるのですが、すぐ元どおりになり、いちいち言うのも嫌になってしまいました。

浄土宗や浄土真宗の大切にしている「浄土三部経」と言われる三つのお経がありますが、その中には『観無量寿経』（略して『観経』）というメディテーションを説いているお経があります。あまり、その部分については語らないのですが、仏教の歴史の上から考えるならば、浄土教が伝わるときはこの『観経』がキーとなっています。

中国の浄土教を大成した、真宗の七高僧の一人でもある善導大師はこの『観経』を中心にして念仏の教えを展開されました。法然聖人は「偏《ひと》えに善導に依る」と言って、浄土宗を日本で開かれました。『観経』では苦悩に苦しむイダイケ夫人にメディテーションを教えて、念仏に導いていきます。他の三部経は仏弟子の阿難、舎利弗といった人を相手にお釈迦さまが教えを説かれるのに対して、仏教の専門家でもない在家の女性に説かれているのが『観経』です。

その意味では、この『観経』に出てくるイダイケ夫人の姿は、今の米国人の姿に重なります。あまり仏教の歴史もない、考え方もない、そんな人に対してお釈迦さまはメディテーションを説いて阿弥陀仏の教えに導いていています。

説明がくどくなってしまいましたが、要するに、メディテーションは浄土宗や浄土真宗とも深い関係があるということです。この国でメディテーションを行うことは親切心であろうと考えます。戦後、仏教が排除されてきた今の日本でも、米国と同じようにメディテーションが必要になっているのかもしれません。

仏教離れが加速化している日本にあって、ただ座って一緒にお経を読んで、説教を聞かせたとしてもあまり意味をなさないのかもしれません。米国人と一緒で基本的な仏教の姿勢などが欠けているのなら、お寺で音楽会をやったりするように、メディテーションも指導していくというのもアリでしょう。——TK拝

Let us Meditate !：瞑想してみよう

メディテーションの続きですが、三カ月に一度ぐらいの割合で、「初心者のための仏教の瞑想と教え」のクラスを開きます。これは二時間ほどのクラスですが、仏教の基本的な教え、縁起の考え方や智慧と慈悲の世界、また東洋と西洋の考え方の違いなどを話すと同時に、礼拝の仕方から、座り方、お経の読み方なども詳しく話すようにしています。

もちろんそれとは別に「浄土真宗入門クラス」も開いています。仏教の基礎の上に立って、浄土教

を理解することが大切であろうと思っています。私の基本的な考え方は、米国人たちに仏教とご縁を結んでほしいということです。宗派は自分に合ったものを選べばいいと思います。ニューヨークには、日本の仏教だけでなく、他のアジアの仏教もあります。

「○○宗でなければダメだ」というのは、おごりだと思っています。もちろん、このニューヨーク本願寺は浄土真宗のお寺ですので、浄土真宗がいいという人にはどんどんお寺に来てもらっています。興味があれば来ればいいし、なければ来なければいいだけです。『歎異抄』（第二条）で「念仏をとって信じるにしても、捨てるにしても、あなた方が考え決めることです」と言われた親鸞聖人の言葉はいいですね。

日本は宗派根性があまりに強くなり、いつの間にか、お釈迦さまより宗派の開祖が偉くなってしまっているようです。新興宗教の場合も教祖信仰になる場合が多いですが、そうなるともはや仏教とは言えないかもしれません。

お釈迦さまは自分を拝めとは言われませんでした。真理の法を見よ、と言われました。宗祖と言われるような人は皆そうです。法然聖人や親鸞聖人も本願を信じよ、念仏を称えよ、と言われましたが、自分を拝めとは言われませんでした。

メディテーションをする場合も私の中では、これを通して教えに触れてもらい、法縁を結んでもらいたい、ということなのです。本願の世界、念仏の世界は「浄土宗」とか「浄土真宗」という宗派の枠を超えた広大な世界です。これはダメ、あれはダメ、というようなセコいものじゃないはずです。

「念仏の世界につながらないようなものは仏教じゃない」「すべては念仏におさまるんだ」というよ

うな少々無茶な感じもありますが、それでいいのではないかと思っています。「念仏成仏是真宗」という言葉もありますしね。

だから、瞑想も念仏におさまってくると考えてもいいのではと思いますし、念仏の助業というように考えてもいいのだと思います。ある意味でニューヨークでやっていることは、念仏への入り口を多く作る作業をしている感じがします。

その意味で、私がメディテーションをするときは、その据わりに念仏があります。念仏を称えるときは、大きな声で堂々と、身体全体で称えるような気持ちで称えてもらいます。本願の念仏ですから、自信をもって称えればいいんですね。頭で称えずに、腹で称えるということです。理屈ではなく、まずナモアミダブと何度も称えることから始まります。

話が行ったり来たりですが、もうひとつ、三カ月に一度ぐらい念仏リトリートとして、より浄土教的な五念門行を中心にして、半日ぐらいのセッションをしています。

五念門というのは礼拝門、讃嘆門、作願門、観察門、回向門という五つです。これについては、『入出二門偈』という親鸞聖人の書かれた書物を参考にしてやってみているメディテーション・セッションです。

礼拝門は、身体を使って阿弥陀仏を拝むということで、セッションでは、五体投地を何度も行います。

讃嘆門では、口に阿弥陀仏の名を称えるということですので、読経や念仏を行います。

作願門では、一心に阿弥陀仏を念ずることですので、瞑想をして座ることから始めて、出る息に合わせて心で念仏をし、吸い込む息に合わせて心で念仏をするようにします。

観察門では、仏・菩薩、浄土の世界を思い浮かべることですので、はじめはゆっくり無言で歩きます。次に念仏を称え、合掌して、仏さまに導かれ浄土への道を歩んでいると思いながら歩きます。

回向門では、功徳を他に振り分けて往生させようということですので、慈悲の瞑想を行い、自分の幸せから始まり、すべての幸せを願うメディテーションを行います。メディテーションの最後の締めくくりです。

これらに加えて、経典の短い文を選び、その言葉を何度も繰り返し、何を表しているのかを知識、経験といった自分の持っているものをすべて使って理解しようとしてもらい、その言葉の中に自分自身を見いだし、最後には一言で自分にとってこの言葉は何を語っているのかを話してもらいます。

また、食事も沈黙で、ゆっくりと一つひとつの動作を意識し、どういう因縁で食している野菜がここにあるのかなどを思いながら、昼食をとります。時間はかかりますが、感謝の心で食事をとることができます。終わりに、ディスカッションを入れ、質疑応答をします。そのときに感想なども言ってもらいます。

だいたいこんな感じで、さまざまなメディテーションを試みているのです。それだけでなく、やっている私自身も結構学ぶことも多く、楽しんでいる部分もあります。——ＴＫ拝

Mindful Heart "kokoro"：心について

今日はお寺の会報の締め切り日でした。少し前にやっと仕上げまして、印刷会社に先ほど送りました。

毎月会報を送るのですが、やっと終えたらまた次の会報の締め切りがくるという感じで、なかなか大変です。英語の部分と日本語の部分があり、日本語は基本的に私が担当で、英語のほうへも毎月の法話と住職からの報告、来月の予定表を送ります。英語のほうの法話、予定表はお寺のウェブサイトにも出ます。

ウェブサイトは www.newyorkbuddhistchurch.org です。英語に興味がある方は訪れてみて下さい。実際、日本語で仏教の話を読むよりも、英語で読むほうがわかりやすいことが多いのです。日本語はどうも仏教用語が多いので難しく感じると思います。

この会報のタイトルは『こころ』ですが、この心という言葉は英語に訳すときに苦労する言葉でもあります。以前に会報の名前をどうするかということで、皆にアンケートをとり、心が選ばれたのです。

心という言葉は英語にまったく同じものを表す言葉がありません。実際、心という文字は日本語でもいろいろな意味で使われます。『広辞苑』には、人間の精神作用のもととなるもの、あるいはその作用として、(一) 知識・感情・意志の総体。(二) 思慮、おもわく。(三) 気持ち、心持。(四) 思いやり、なさけ。(五) 情趣を解する感性。(六) 望み、こころざし、などがあげられています。

それに、実際、仏教は心を大切にしてきた宗教でもありますので、そのあたりから、このKOKOROという言葉が選ばれました。心次第ですべてが変わる。心が世界なのだ、とまでも言われます。

ちなみに、英語に訳すと、mind, heart, mindful heart, mind-heart などがあります。英語はものを分けて考えるようにできている言葉ですので、mind は頭の作用だし、heart は心臓の作用、というように分けます。

メディテーションはある意味、心の健康法と言ってもいいのでしょう。心身ともに健康でありたいものですから、身体だけでなく、精神のほうもお忘れにならないように！

不思議なものですよね、呼吸を整えると心も整ってくるのです。——ＴＫ拝

Concerning Tibet：チベットに関して

最近、ニューヨークでは風邪が流行っており、昨日は熱っぽくなってきて、これはいけないと思い、風邪薬を飲んで一日寝ておくことにしました。そのためコラムも一日抜けました。

まあ、その甲斐あってか、今日はすっきり元気な感じです。今週は締め切りが多くなるのはあらかじめわかっていましたので、なるべく予定を入れないようにしていました。

お寺の会報も終え、来週の会議の報告書も終え、少々気を抜いてしまったため、風邪を引きかけたのかもしれません。

昨日のＥメールに、来週の火曜日の夜七時からユニオン・スクェア・パークでチベットの若者がインターフェイス祈念式を行うので来てほしいというのがありました。残念ながら、火曜日にはカリフ

ォルニアに出張することになっていますので参加できないと返事をしました。二月二十五日がチベットの新年（ロサル）にあたり、その前日にチベット人の人権擁護と世界平和を願う集会をチベットの若者がオーガナイズしたのです。

昨年の夏、セント・パウロ&セント・アンドリュー教会で、中国政府により殺された多くのチベット人のためのインターフェイス祈念式典が行われました。三〇〇〇人ぐらいの人々が集い、私も仏教連盟代表として祈念を行い、スピーカーにはリチャード・ギアさんなども来ていました。中国を憎んではならない、慈悲の心で対処することを強調し、その上でデモ行進が行われました。

昨年の三月の平和的なデモを行う僧侶たちに対して中国警察が暴力行使を行ったことにより、抗議行動がさまざまな場所で起こることとなり、多くのチベット人死傷者を出したのは記憶に新しいことだと思います。

今の日本は仏教国とは言えない物質主義の国になってしまいましたが、チベットはまさに仏教国で、生活のさまざまな部分が仏教の価値観にあふれていると思います。非暴力、慈悲の実践ということはまさにお釈迦さま以来仏教が大切にしてきた伝統です。

心の豊かさを説いてきた仏教の伝統を守り続け、仏、菩薩を敬い、観音菩薩の化身としてダライ・ラマという宗教的、政治的指導者を持つチベットという国を支援していくべきだと思います。

チベット人の人たちと多くの交流を持つようになったのは、ニューヨークに来てからですが、最初、チベット人たちの集まりに行って思ったことは、「今日は日本人もたくさん来ているんだ」でした。そして、日本語でしゃべりかけてみると、何とみんなチベット人だったのです。

中国人や韓国人の集まる会にも何度も出席したことがありましたが、そのときは日本人のような感じはするが、何か違う感じもするなあという感じで、思わず日本語でしゃべってしまったということはありませんでした。人種的にもチベット人は日本人に似ているということを肌で感じた瞬間でした。チベット仏教は日本では真言宗に近い仏教で、いわゆる密教です。いずれにせよ、私個人としては、仏教が生きているチベットを応援したいです。

最近、非暴力を実践する仏教国が暴力によって被害を被っているように思われます。チベットもそうですし、スリランカやミャンマーなど同じ仏教徒として何かもっと援助ができないのかと思います。日本も欧米と肩を並べることも大切かもしれませんが、アジアの諸国で起こっている紛争などを平和的に解決するようにもっと貢献していくべきだと思います。自分の利益ばかりを考えるのもいいですが、苦しんでいる者を救おうという姿勢が日本には欠けているように思われます。

「自分さえよければいい」では情けない。仏教的に言えば、自利だけでは悟りの完成にはならない、ということです。苦しんでいる者を救ってこそ、あるいは利他を実践してこそ、悟りの完成があるのですね。

政治・宗教を日本人は嫌う傾向があるようですが、米国では逆で、政治・宗教の話になると、会話が突然活発になるようです。政治・宗教とは価値観の問題です。私は仏教の持っている価値観を大切にしたいと思うのです。——ＴＫ拝

The Third Mind：第三の心

先週末は友人に誘われて、グーゲンハイム美術館へ行ってきました。The Third Mind というテーマでアジア芸術、文学、宗教がどれだけ米国の芸術家に受け入れられ、変遷・展開していったかを十九世紀〜二十世紀の作品（一八六〇―一九八九）に焦点を当てて館内いっぱいに展示していました。一〇〇人以上のアーティストによる絵画、彫刻、映像などさまざまな作品が展示されていました。

説明を読んでみると、多くの作品が仏教のコンセプトを取り入れたものであったことに驚かされます。特に「空」の思想、禅の影響は大きなものがあります。

空間をなくして埋め尽くすのが西洋ならば、空間を大事にし、多くの空間を作りだすのが東洋ということになります。有に価値を置く西洋に対して無に価値を置く東洋、直線的な西洋に対して曲線的な東洋、複雑な西洋に対して簡素な東洋、人間中心の西洋に対して自然中心の東洋、といった違いを意識しながら、作品が作られていました。

西洋と東洋がますます近くなってきている中、これらの作品を見るにつけ、私たちは東洋とはどういう価値観を持っているのかしっかりと知っておかねばならないと感じました。表面的な交流ではなく、深い理解、経験に基づいた価値観を持っていることが、これからはますます必要とされるように思いました。

全部の作品は見切れませんでしたが、私にとって一番印象に残った東洋的な絵はゴッホの

Mountains at Saint-Rémy でした。——TK拝

See you in California!：カリフォルニアで会いましょう

今日は米国仏教団開教使会議、ならびに代表者会議のため、カリフォルニアに出張です。実は今も準備をしているので、あまり時間がありません。

年に一度、教団の僧侶（浄土真宗のみ）と門徒の代表者が集まり開かれる大きな会議です。今回はディズニーランドで有名なアナハイムの近くで行われます。三〇〇人ぐらいが会議に来られます。

飛行機で六時間ぐらいです。時差も三時間あります。結構この時差がきついのです。いつもこちらの朝で六時前に起きるのですが、西海岸では夜中の三時です。たいてい、西海岸に行くと夜中の三時頃に目が開いてしまって、眠れなくなるのです。日に日に疲れが増すというのがパターンです。そして、疲れが重なり、やっと時差に慣れた頃にこちらに帰ってきますので、今度はこちらで、朝起きられなくなったりします。

その意味であまり、長く西海岸にはいたくないのですが、これも義務ですので仕方ありません。もちろん、開教使の同僚に会ったり、懐かしい顔の人に会えることは楽しいことでもあります。

ニュージャージー州にあるニューワーク空港から出発して、午後三時すぎに無事にオレンジ・カウンティの空港に着きました。

一つ、慌てたことは、飛行機の時間をよく確認していなかったため、十二時半くらいに出発すると

思っていたのが、三十分も早い、十二時五分発であることにタクシーの中で気づいたのです。お寺を出たのが十時四十五分ぐらいで、ただでさえ、遅れたと思っていただけに、少々不安になりました。

こういうときに限って、この運転手がイージーパス（自動で料金所の支払いができる）を持っていなかったため、長い列を待たねばならなかったのには参りました。何とか十一時半に空港に到着しましたので、ホッとしました。今まで飛行機に乗り遅れたのは二度ほどあります。余裕を持って行けばいいのでしょうが、どうもいつもギリギリになってしまいます。

以前は慌てふためくこともありましたが、どうやっても私は座っていることしかできませんので、深呼吸をして心を落ち着けるようにし、なるように任せるようにしました。

こんなとき、よく「なるようにしかならない」という人が多いのではと思いますが、この表現は否定的で、なげやりであきらめの気持ちが強い感じで私はあまり好きではありません。そこで、私は「なるようになる」と言うようにしています。「なるようになっていくんだ」と言うと肯定的です、そこから何かが生まれるような感じがあり、閉鎖的ではなく開かれた感じがして好きなのです。

ちょっとした言葉の違いですが、私には全然違う気持ちになります。一度、「なるようにしかならない」と言いたくなったとき、代わりに「なるようになる」と言ってみて下さい。——TK拝

Number 18：数字の「十八」

アナハイムの米国仏教団の会議ではさまざまなレクチャーがあり、有意義な一日でありました。た

映画館まで「18」

だホテルの部屋のインターネットがうまく作動せず、ブログが思うようにできませんでした。

そのレクチャーの中で、頭に残ったのが、日本の表現をそのまま英語にしても意味をなさないということでした。

半分冗談で言われたことですが、「これは彼の十八番だ」ということをただ"This is his number eighteen"と訳しても何の意味もなしません。

得意とするものを十八番というのですが、ただ訳しても英語圏の人には何のことを言っているのかわかりません。もしかしたら、今の若い世代の日本人にも通じない言葉になっているのかもしれません。

なぜかこの日は「十八」に関わることが会話などに出てきました。野球でも背番号十八はエースの番号です。今はボストンの松坂投手も十八番でしたよね。

この日は、会議も早めに終わりましたので、何人かの坊さんたちとアカデミー賞にも輝いたインドを舞台とした"Slumdog Millionaire"という映画を見に行きました。そのときの映画館の名前がAMC Del Amo 18でした。

なぜ日本では十八番なのか？　阿弥陀仏の四十八通りの願いの中で最も大切な願いが説かれているのが第十八番目にあるからです。

では何と説かれているのでしょう。「もし我、仏を得たらんに、十方の衆生、至心に信楽して、我が国に生まれんと欲して乃至十念せん。もし生まれずば正覚を取らじ。ただ五逆と正法を誹謗するものを除く」というのが書き下し文です。

ポイントだけ言えば「本当に疑いなく私の国に生まれると思って念仏してくれよ」という願いです。そして念仏する者を皆悟りの世界に生まれさせてみせると誓願している言葉です。一言で言えば、信心―念仏、すなわち、南無阿弥陀仏です。

浄土真宗や浄土宗はこの十八願を本願、また選択本願と呼んで、この願いを中心にして教えが出来上がっているのです。他力本願という言葉がありますが、それも本来、他人の力という意味ではなく、他（衆生）を救う本願の力ということです。

十八願を開けば、四十八願全体になり、それを開けば『大無量寿経』の教えとなり、それをさらに開けば、お釈迦さまの説かれた教え全体になる、ということです。逆に言えば、お経はこの十八願に集約されているのだという考え方になります。それが中心という意味ですね。

このように、十八番は阿弥陀仏の得意なる願いであり、切り札であったのです。今度「十八」という数字を聞いたときは阿弥陀仏の本願を思い浮かべて下さい。――ＴＫ拝

I am Getting Tired：少々疲れました

今日でカリフォルニアでの会議も四日目に入りますが、このあたりから時差ぼけからくる疲れが始まります。会議に出席しないでよいならいいのですが、そうもいきませんので、毎日、三時間ぐらいの睡眠になっています。

自分は若いつもりですが、なかなか年を重ねるごとに大変になってきているようです。やはり年には勝てないということでしょうか。少しは賢くなっているとは思うのですが、どうもアジャストするのがうまくいきません。十年以上、同じパターンを毎回繰り返しています。

今年の会議はどちらかというと静かなほうで、私も一度発言をしただけでした。いつも感じることは米国仏教団は多くの人々の献身的な努力によって支えられていることです。米国仏教団は百年以上の歴史をもっていますが、その歴史の中で、無数の人たちが今の教団に貢献してきたのです。

実際、私自身が今ここにいるということ自体、さまざまなものに支えられ生きているのです。また、この私も他を何かの形で支えているということになります。仏教ではこの世界を縁起（縁って起こっている）と言っています。

すべてのものは計り知れないものを支え、支えられて存在しているのです。有ることが難しいものが、今有っているのが「有難い」ということですね。そうすると、「ありがとう」という気持ちは縁起の世界を知った言葉と言えます。――TK拝

Extra Vacations！：バケーションの追加

もう三月に入りました。ニューヨークは雪で寒そうですが、その雪のために私はロサンジェルスで足止めをくい、暖かい日差しを満喫しているのです。まさに春そのもので、休暇が与えられた感じです。本来ならもうニューヨークに帰って、忙しくしているはずなのですが、どういう因縁か、まだここにいるのです。「まあ、たまにはゆっくりしていきなさい」と言われている感じがしました。

今日は、ロス空港の近くのベニス本願寺（庵原開教使）の朝のお参りに出席することになりました。「ニューヨークの雪のため飛行機がキャンセルになって、ここにいるのも何かのご縁でしょう」ということで、『正信偈』の読経の後、庵原先生の自宅に泊めてもらっているお礼の気持ちも兼ねて、十五分ばかりの法話をさせて頂きました。

「帰《き》命《みょう》無《む》量《りょう》寿《じゅ》如《にょ》来《らい》
南《な》無《も》不《ふ》可《か》思《し》議《ぎ》光《こう》」

と始まるのが『正信偈』ですが、この二行についてお話をすることにしました。

「無量寿如来に帰命し、不可思議光に南無したてまつる」です。

いつどこでどうなるかわからないのが人生でしょうが、常に寿命と光明、慈悲と智慧というお念仏の心を大切にせねばなりません、ということをニューヨークで起こった同時多発テロの経験なども少し入れながら、法話したのでした。

その後は、お参りされてきた人とコーヒーやスナックを頂き、ゆっくりとくつろがせて頂きました。ニューヨークではいつも走り回っている感じがありますが、ここはゆっくりとしていて、たまにはこういうのもいいなァと思いながら、のんびりしました。

昼食には、私がカリフォルニアに来ると必ずメキシコのレストランに行くということを聞いて、このあたりで一番おいしいというお持ち帰り専用の店から、タコス、ブリト、エンチラーダなどを買ってきてくれました。

以前、カリフォルニア州のフレスノ市近郊にあるパレア仏教会にいました。一九八九年から一九九四年までいたのですが、その町（というより村）は農業のコミュニティで、多くの労働者がメキシコから来ていました。当然、メキシコのレストランも多くあり、メキシコ料理を楽しんだものでした。

こうして、突然のエキストラの休暇を楽しむこととなったのです。——ＴＫ拝

Back to Normal：やっと通常に

結局、ニューヨークに帰ったのは夜中を過ぎてしまいました。座席は満杯で、いつもなら通路側か窓側にとるようにしているのですが、フライトが何度も変更になりましたので、真ん中の座席で少々疲れました。

一週間もお寺を空けていますと、多くの仕事が山積みになります。なるべくカリフォルニアでも、電話やメールの対処をするようにしますが、それでも結構仕事がたまるものです。

それに加えて、時差ぼけがあります。昨日は突然ガーッと寝ていたことが何度かあり、コラムをアップする前に寝てしまいました。

これは毎度のパターンですので、今週は極力、お寺の仕事を入れないようにするのですが、それでも断れないものもありますので、難しいところではあります。この間に、体調の回復とたまった仕事をしてしまうのです。

来週からは通常に戻るよう努力します。——TK拝

Bunraku in New York：ニューヨークでの文楽公演

昨日は友人に誘われ、ジャパン・ソサイエティ（日米協会）で行われていた文楽を観に行きました。

日本では観に行ったことがないようなものをこちらで観せて頂く機会が多いのです。日本にいるときは敬遠していたような日本文化を米国に来て観るようになりました。日本文化の持っている素晴らしさを再認識することが多々あります。

文楽を観に行くのは初めてでした。文楽というのは人形浄瑠璃、日本伝統の人形劇です。パフォーマンスの前に、文楽についての講演があり、それにも出席しました。歴史的背景、人形の操り方、いわゆる舞台裏のような部分を講演されましたので、とても勉強になりました。

「太夫」という語りを行う人、「三味線」の奏者、そして三人で一つの人形を操作する「人形遣い」の三業で成り立つもので、それら三つが一体になってできる演芸だそうです。お互いに心が一つになっていなければならないのですから大変なことです。

人形の表情を豊かにする技術にはすごいものがあります。目の動き、眉毛の動き、口の動き、頭を上下させるなど、高等な技術にがなければ作れないようなからくり人形です。

綺麗な女性が突然、角がはえ、口が裂けた鬼の顔に変わるのですが、本当によくできていると思います。私が幼い時分にテレビで放送されていた人形を遣った『南総里見八犬伝』の「たまずさが怨霊」を思い出しました。

その鬼に変わる姿を見たとき、もう一つ頭に浮かんだことは、人間はある意味で、心の中に鬼を持って生きているのだ、ということでした。

仏教的に言えば、鬼は怒りであり、欲であり、煩悩に狂わされた部分が表に現れたものであると言えます。善良な人が鬼となって狂うこともあります。自分は大丈夫と思っているかもしれませんが、かえってそんな人が一番危ないです。

何はともあれ、公演のほうもとてもよかったです。日本の持っているものをもっともっと大切にしていく必要があると感じた日でありました。最初に、文楽についての説明を聞けたことが、公演を観る上で、一味違うものとなりました。

ただ見て楽しむことも大切ですが、その裏と言いますか、目に見えない部分を知ることによって、文楽を数倍楽しめたように思います。精神を重んじる日本文化であるが故に、現代人にはその見えない部分をもう少し表に出す必要があるのだと思います。沈黙は金なりですが、それを言葉で伝えることもまた必要なことなのです。特に西洋社会にはなかなか沈黙は通じません。

お経の言葉とは本来、言葉にならない悟りの世界を言葉によって表したものですから、言葉を通して言葉を超えていくということです。形を通して形を超えていくところに日本文化の心に触れていく世界が開けるのでしょう。

いわゆる日本文化を深く掘り下げていくと仏教と深い関わりのあることを知ります。文楽の内容も仏教に関わっていることが多く、今回の公演でも観音菩薩や念仏が何度も出てきました。日本文化と仏教は切り離せないようですね。――ＴＫ拝

Day light Saving Begins：夏時間の始まり

米国では今日から夏時間になり、時計を一時間すすめます。今の一時が二時になります。スリング・

フォーワードと言って、時計を前にすすめるのです。日本ではないシステムなので、最初は驚きました。太陽の出ている時間帯を有効に使おうということで、省エネにもなると聞いたことがあります。

米国でもハワイは夏時間の制度はないのです。そう言えば、アリゾナも夏時間を行っていないと聞きました。米国は州によって法律が異なる場合があるのが面白いです。

今日は一時間睡眠時間を失うことになりますので、少々朝起きるのが大変でした。――ＴＫ拝

Happy Birthday to Me！：誕生日で~す

三月十一日と言えば、私の誕生日です。米国ではよく誕生日には休みをもらえたりして、働かなくてもよいことになっていますので、今日はお休みです。

ところで、9・11以降、こちらで三一一をダイアルすると、緊急以外のいろいろなインフォーメーションを教えてくれるようになったのです。緊急時には、九一一をダイアルします。念のため、米国は一一〇ではありません。――ＴＫ拝

A thought on Justice：「正義」について思うこと

誕生日ですので、ゆっくりするつもりだったのですが、夕方から近くのリバーサイド教会で死刑に

反対する集会があり、それに駆り出されました。仏教の立場を述べ、短い読経をしました。ゲストには南アフリカのアパルトヘイト撤廃運動で活躍し、ノーベル平和賞を受賞したツツ大主教が来られていました。ツツ大主教から「誕生日おめでとう」と言って、握手をしてこられました。

いつもインターフェイスの集会に出て感じることですが、どうも西洋の宗教においてはジャスティス(正義)ということをいつも言い、私にはあまり好きな言葉ではありません。どちらかというと米国に来てから特に嫌いになった言葉の一つです。

西洋の歴史、キリスト教の歴史において、また現代においても正義の名のもとで多くの「悪」がなされてきているのです。戦争も多くの場合、正義の名によってなされます。よく言えば、「聖戦」ということになるのですが、基本的に自分を善、正しいと見なし、他を悪、間違いと見なすということです。

正義を独占する、自分だけが真理を知っているのだ、という心が、おごり、たかぶる、いわゆる傲慢な心ですが、その心が多くの悲劇をもたらしてきたのが人類の歴史のようにも思えます。

聖徳太子が十七条憲法の十条目に「人みな心あり。心おのおの執るところあり。かれ是とすれば、われは非とす。われ是とすれば、かれは非とす。われかならずしも聖にあらず。かれかならずしも愚にあらず。共にこれ凡夫のみ」という言葉を残されています。

ここには仏教の立場が明確に示されています。人間は皆完璧ではない。だからこそ、お互いに理解・調和し合って生きていくことの大切さを述べられています。私がいつも正しく、相手がいつも間違っているとは限らない。私たちは聖でもなければ、まったくの愚か者でもない。

正義の名をもって、人を裁くことより、本当に正義を行っているのか、間違ってはいないのか、また相手のことを本当に理解しているのか、ということに耳を開き、調和への道を模索することの大切さを教えてくれていると思います。

「和を以て貴しと為す」という仏教の精神の上から考えるならば、どうも正義という考え方が平和をもたらすとは考えられないのだと思います。かえって正義という考えこそが、多くの問題の原因と言えるのではないかと思うのです。

私が話す番のときには、このような内容のことを述べました。

さらに、命を大切に思う心、「すべての生きとし生けるものは仏になる種をもっている尊い存在なのだ」（一切衆生悉具仏性）という立場に立って死刑のことについても考えるべきだ、と付け加えました。

――TK拝

A Good Person's House & an Evil Person's House：善人の家、悪人の家

昨日の続編です。こんな話を思い出しました。「善人の家、悪人の家」というたとえ話を聞いたことがあります。

善人の家には善人ばかりが住んでいる。ここには善人のお父さん、善人のお母さんがいる。あるとき、財布を忘れたお父さんが慌てて帰ってきて、玄関を駆け上がろうとしたところ、足もとに置いてあったバケツに気がつかずに、蹴つまずき、水をこぼしてしまう。

「誰や、こんなところにバケツ置いてたのは！」。お父さんは善人です。お父さんはいつも正しいのです。その声を聞いてお母さんが出てきて言うのには、「どこを見て歩いているのですか。今、掃除をしているのです。もっと気をつけて下さい」。お母さんは善人です。自分は悪くないのです。そうして夫婦がもめているのを聞いて、居間でテレビを見ていたおばあちゃんが出てきます。「あんたら何を言いあっているのか。いいかげんにしなさい」。もちろん、このおばあちゃんも善人です。

さて、同じことが悪人の家でも起こりました。悪人のお父さんが財布を忘れて帰ってきました。そして、バケツを蹴飛ばして、水をこぼしてしまいます。

「すまん、すまん。バケツに気づかずに水をこぼしてしまった」。このお父さんは悪人です。悪いのは自分です。それを聞いて悪人のお母さんがやってきます。「すみません、すみません。通り道にバケツを置いた私が悪いのです」。やはり悪いのは自分です。それを聞いたおばあちゃんが出てきて言うのには「すまんことをしたな。私がちょっと気をつけていれば、バケツを横に置いてやったのに」。このおばあちゃんも悪人です。悪いのは自分です。

さて、あなたはどちらの家に住んでいるでしょうか。自分が悪人であると思いながら生きているならば、戦争も起こりそうにありません。

親鸞聖人の言葉として伝わる中の「善人なおもって往生する。いかにいわんや悪人をや」（『歎異抄』）という言葉が別の意味を持ってくるように感じます。

戦争を起こすのもたいてい善人たちのようです。自分が正義だという考え方、自分のみが正義・真理を知っているのだ、という考え方が一番怖いということになります。

また聖徳太子の「共にこれ凡夫のみ」（私たちは共に皆凡夫なのだ）という言葉に戻りますが、素晴らしいことをする人間が、時にはつまらんこともする。かと思えば、つまらんことばかり言っている人間が、目を見張るようなことをすることもある。

いつもいつも正しいことばかりをやっているような人間はいないし、悪いことしかしないという人間もいない。善人も悪人も自分の中に持っているのが人間だということでしょう。自分が必ずしも正しいとは限らないし、相手がいつも間違っているとも限らない。だからこそ相手の言うことに耳をかすこと、聞くことが大切なのです。

実は、三月十一日は同時多発テロからちょうど半年が経った日でもありました。世界のさまざまなところでテロ事件は起こっていますが、テロの起こる原因を解決しないことには本当には何も解決しないように思われます。

9・11同時多発テロが起こった後で知って驚いたことですが、米国では「テロリストとは交渉をしない」というのが前提にあるのです。テロを未然に察知し、阻止するか、テロ事件が起こってしまった場合、それに敏速に対応できるようにしておくしかテロ対策はないのです。

テロを起こすのにも理由があるわけだし、テロを起こすのも同じ人間なのだから、ただ敵対するだけでは平行線を辿るだけのようにも思われます。人間同士お互いに歩み寄れるような道はないのでしょうか。

仏教の立場から言えば、味方と敵、自分と他者、というように区別して、自分だけの利益を考える世界から抜け出て、共に人間同士なのだというような姿勢が培われなければなりません。自他一如という言葉で表されますが、現代的に言えばグローバル思考ということになろうと思います。自分だけのために地球があるのではない、皆の地球なのです。たとえ相手がテロリストであろうと、悪党であろうと、相手の意見を聞こうとすること、相手の立場を理解しようとすることがあってこそダイアログ、対話が成り立つのです。勝ち負けの世界では平和と調和ということは実現されません。

——TK拝

Going to Seattle, Washington：シアトルへ向かう

今日ニューヨークは、お彼岸の時期であるというのに、朝から雪が降っていました。午後からシアトルへ出張することになっていたので飛行機大丈夫かなと心配しましたが、今はもうやみ、晴れてきています（午後一時）。

シアトル別院仏教会の彼岸会法要と日本語のセミナーで話すことになっています。明日三月二十一日の土曜日は午前九時半から午後四時までと結構長いものです。日曜日は午前十時から英語の法話と日本語の法話をすることになっています。

ロサンジェルスから帰ってきたばかりのような感じですが、また西海岸へ出張です。それでは出かけてきます。——TK拝

Relaxing Time in Seattle：シアトルでの休日

シアトルでは少々時間に追われ、ブログを書く時間がなくなってしまいました。土曜日は、午前・午後と『観無量寿経』のセミナーを行いました。また、日曜日もシアトル別院のお彼岸の法要で、子供、大人への英語法話と日本語法話をしました。

一九八五年から四年間ほど務めたお寺ですので、懐かしい人たちにも会うことができてよかったのです。二十年も経つと、亡くなった人もいますし、以前は日曜学校に来ていたような子供が結婚して、子供まで連れてきている人もいました。時の流れを感じた瞬間でした。

実はここまで来たので休みをとって、月曜日からアラスカに行くことにしていたのですが、アラスカのリダウト火山が爆発したため、すべてのアラスカへのフライト、もちろん私のフライトも、キャンセルになったのです。楽しみにしていたのにアラスカに行けなくて残念です。オーロラ見たかったのですがねェ。アラスカで落ち合うことにしていた下村さんには本当に申し訳ないことをしました。自然現象はどうしようもありません。

結局、木曜日の早朝の飛行機でニューヨークに帰るまで、シアトルでゆっくりすることになりました。空港まで送ってくれることになっていた中川先生のお宅にお邪魔することになりました。

飛行機がキャンセルになったため、日本と韓国のＷＢＣ決勝戦をテレビでゆっくり観戦できたのはよかったです。最初から最後まで野球を観戦したのは何十年ぶりでしょうか。それにしても大リーグ選手の少ない日本と韓国が勝ち残り、ドジャー・スタジアムで決勝戦を行うというのも時代を象徴しているのかもしれません。アジアの時代到来ということでしょうか。

韓国を延長で破り、世界一に輝いた日本でした。イチロー選手がその持ち味を発揮したみごとなプレイに私も手をたたいて喜びました。さまざまな分野で日本が活躍することは素晴らしいことですね。

——TK拝

Peaceful Constitution of Japan：日本の平和憲法

中川先生とはいろいろな話題を語り合いました。昨日は日本の憲法改正についての話がでました。今日は少し日本の平和憲法について話しておきます。

日本での議論は、現在の憲法は米国によって作らされたということ、特に自衛隊、軍隊の必要性、さらには核兵器開発にまでその論議が及ぶのでしょう。

なぜ、今の日本国憲法が日本人に受け入れられたのか、ということを忘れているように思われるのです。日本は昔から、和の国、大和というように平和を大切にしてきた民族であったのです。すなわち、平和憲法は日本人の本来持っている心にマッチしたからこそ受け入れられたのです。ただ無理矢理押し付けられただけではなかったということです。

今、その憲法が問題になってきているのは、日本人が西洋化したこと、自分の思想をなくし、何でも西洋、特に米国の言いなりになってきたためでしょう。キリスト教、イスラム教といった一神教の歴史は、戦争を肯定し続けてきた歴史です。

正義のための戦争、神のための戦争、神の名のもとに多くの殺戮を繰り返してきた歴史は今さら言うに及びません。それに比べると仏教が引き金となって起こった戦争は皆無といってよいほど微々たるものです。

世界の中で、非暴力をもって国を治めた指導者を持つのは、仏教の思想に影響されたところばかりです。最も古いところで、仏教の精神をもってインドを治めたアショーカ王、チベット国王のソンツェン・ガンポ王、日本の聖徳太子は、それぞれの国で敬われ続けているリーダーです。最近では、インドのガンジー老、そのガンジー老に影響をうけた米国のキング牧師、さらにチベットのダライ・ラマ法王などがいますが、もとを辿ればお釈迦さまの非暴力、不殺生、慈悲の教えからきているのです。

非暴力、不殺生、慈悲、和というものを大切してきた日本の歴史を無視して、憲法改正を語るべきではないのです。武力、暴力をもって世の中を治める時代が明治、大正、昭和の初期であったと思います。その中で、時代を先取りしているのが今の日本の平和憲法だと思います。まさに平成（平和を成し遂げる）時代が迎えられたのもこの平和憲法あればこそだと思うのです。

ただ先取りするだけではなく、日本人の本来持っている大和（大いなる和）の精神が平和憲法にあることを知らねばなりません。実際、仏教の和の精神は間接的ではありますが、キリスト教の指導者たちにも受け入れられ新たな時代を作ってきたのです。黒人人権運動のキング牧師、南アフリカのツツ大主教などはそのいい例です。

日本の平和憲法は、戦争で傷つけあう世界情勢の中にあって、暴力ではない解決法を提示するという、ある意味で、これからの世界の憲法になり得る普遍性を持っているのです。

私の好きな言葉に、源信僧都のお母さんが作られたという詩があります。

「後の世を渡す橋とぞ思いしに　世渡る僧となるぞ悲しき」

あなたは、これからの世界を開いていく掛け橋となると思っていましたが、世の中に迎合してうまく渡り歩く僧侶になってしまったとは悲しいことです、という内容になります。これは源信僧都が世に認められるようになって、そのときに下賜された褒美の品を母に送ったときに、その母が源信を戒める和歌を送り返したものです。その後、源信僧都は名利を捨てて、仏道に励み、『往生要集』という有名な書物を書かれました。

日本もただ世界とうまく付き合うだけでなく、「後の世を渡す橋」のような、世界を平和に導くような真の国際的リーダーとなっていってもらいたいと願っています。日本には諸外国にない良いものがたくさんあるのです。持ち駒を大切にしてもらいたいのです。

そろそろ聖徳太子の精神、あるいは仏教の精神に還る時期ではないかと思います。物で栄えて、心で滅びかけている日本人に今一度、和の心を取り戻す良い機会が与えられているのかもしれません。

——TK拝

How do you read this?：これをどう読む？

今日は話題が漢文の話になり、日蓮上人の「四箇格言」の「念仏無間禅天魔真言亡国律国賊」という言葉の裏の意味について面白い結論に至りました。

今までは私も一般に言われるように「念仏無間」「禅天魔」「真言亡国」「律国賊」と四つに分けて読んでいました。題目以外を否定する高慢な教えだし、お釈迦さまが説かれた教えを否定するとは、日蓮上人の言われることは誹謗罪にあたると理解していました。

しかし、この文章を七言律とみると「念仏無間禅天魔」「真言亡国律国賊」となり、「仏を念ずるに間《いとま》無ければ、天魔禅《しず》まり、真の言《みこと》は国律と国賊を亡《ほろぼ》す」と読めます。

「仏さまをいと間なくいつも念じるならば、天の悪魔はしずまり、真理の仏の言葉は国の法律も必要としないし、国をせめる盗賊も滅亡する」というような意味になるようです。そこには念仏も禅も真言も律も消えてしまい、全く他の仏教を誹謗しているところなどありません。

もしかしたら、日蓮上人は念仏、禅、真言、律というように自分の宗派のことばかりを考えて分かれてしまうと、無間地獄、天魔、亡国、国賊という弊害をもたらすが、一つになって仏を念じていくならば、そこには降魔し、平和な国がもたらされる、ということを表されたのかもしれません。

そうすると、宗派を分けること、宗派根性を嫌った言葉に受け取れるのです。日蓮上人が笑っておられる感じがします。もしそれが真意ならば、「四箇格言」というタイトルの名付け方が問題になりますね。

賢いというか、なかなかのウィットを利かした七言律ですね。どうでしょう。――TK拝

White Elephant Sale：ガラクタ市

春のバザーのホワイト・エレファント・セールがお寺で催されました。前日にお寺のボランティアの人たちがやってきて、蚤の市の準備をします。お寺の本堂で行うのです。お内陣を巨大スクリーンでカバーし、普段は人が座る場所にテーブルなどをセットします。春と秋の二度バザーを行っています。

ガラクタ市という感じですが、中に掘り出し物もあります。お寺の婦人会の人たちは巻き寿司、ばら寿司、カレーライス、焼きそば、ぼた餅、ケーキなどの食べ物を売ります。私は筆で名前を書いてあげたり、また半紙や色紙などに仏教語などを書いたものを売り、お寺への寄付としています。

お寺の人たちが協力をしあうことは見ていても微笑ましいものです。それほどの儲けがあるわけではありませんが、人とのふれあいという意味では大切な行事なのです。日頃、話したことのない人とも言葉を交わす機会でもあるのです。――ＴＫ拝

Locust Valley Cemetery Service：ローカスト・バレー墓地での集まり

ロングアイランドのローカスト・バレーに日本人の墓地があります。この墓地は十二年ほど前に日本人のための墓地としてロングアイランドに住む人たちによってつくられました。ルディガーさんと

スミスさんから話を持ちかけられ、私も賛同して、お寺としては年に二回のお彼岸のお参りを墓地で行うということを約束したのでした。それがこの「仏教の集い」なのです。

せっかくの機会ですから日本の他の伝統仏教にも声をかけて、ニューヨーク日本仏教連盟ということで、臨済宗、日蓮宗と浄土真宗で行うようにしています。今年は三月二十九日にありましたが、臨済宗の嶋野師、日蓮宗の熊倉師、浄土真宗の私の三人で法要をしました。

以前はよく外でしていたこともあったのですが、天候に左右されますので、最近は墓地の事務所を借りて行っています。三〇人ぐらいの人が集まります。今は草間さん、三島さんが中心になって準備などして下さいます。

内容としては、最初に三宗派が順にお参りをして、読経中にお焼香をして頂きます。それから、三人が順番に法話をし、後に質疑応答を致します。それが終わると皆さんが持ってこられた料理（パットラック）を頂きながら、親睦を深めます。私自身も他宗派のお坊さんの説教を聞くのを楽しみにしています。

実は、ここに持ってこられる料理は本当においしいのです。食事目当てに来るのはよくありませんが、手作りでやさしい心遣いが感じられます。——ＴＫ拝

A Wave in Life：人生の波

しっかり眠ったので今日は快調な感じです。朝のお参りもすっきりと起き、平常に戻った感じです。

先週からたまった仕事を片っぱしから片付け始め、Ｅメールに返事をしたり、郵便物を仕分けしたり、それ以外にもお参りが一件、訪問者が二件、お習字のクラスも行いました。外もいいお天気で、まだ少し寒いのですが、もう春もすぐそことという感じで気分もよかったです。

何となくエンジンがかかってきた感じです。木々も緑の芽を出し始めたようですが、私も今日は芽が出始めたという気分でした。

さて、ブログも気を入れ直して頑張っていきましょう。もともとこのブログを始めたのは、新年の抱負で決めたことによりますが、三カ月が過ぎ、そろそろ四カ月目に入ろうとしています。何でもそうですが、波というものがありますね。

新しいことをするときは特にその波がたびたび押し寄せてきます。三日坊主とはよく言ったものですが、まず最初の三日ぐらいは頑張りますが、そのあと続けるのがなかなか難しい。ダイエットや禁煙や習いごとなどでもそうです。

英語を学ぶときなどもそうですが、最初は張り切って英会話の教材など買ってきたりするのですが、たいてい三日ぐらいで最初の波が来てやめてしまいます。今日もたまたまコロンビア大学の学生が私にインタビューをしに来ましたが、そのとき、なぜか話題がどうやって英語をマスターしたかという話になり、コツは波をどう乗り越えるかに尽きるということになりました。

ブログもそうですが、だいたい、いつ波が来るかは予想がつくものです。何でもパターンはよく似ているからです。まずは三日後、そして一週間、それから一カ月後に波が来ます。それを乗り越えると、三カ月、一年、二年と続いていきます。要するにこの波が来る時期をしっかりとやれば、後は何とかなるということです。

お坊さんをやっていますので、よくお葬式などするのですが、その後、法事を行います。その法事の時期もほとんどこの周期に従っているようです。悲しみを乗り越えるのに大変な時期に法事が行われ、自然と癒しになっているのです。

亡くなって三日目ぐらいにお葬式・火葬が行われ、一週間日に初七日の法要があり、それから四十九日の法要が一カ月あまりしてからあります。さらに三カ月して百カ日法要、一周忌法要が一年後、そして二年後に三回忌というように法要を勤めます。よくできているものです。

——TK拝

NY本願寺の本堂に作られた花見堂

Buddha's Birthday, "Hanamatsuri"
：お釈迦さまの誕生〝花まつり〟

今日はお釈迦さまの誕生を祝う花まつり法要を勤めましたが、その際、誕生仏を中心にして花御堂を作ります。お釈迦さまは言うまでもなく仏教の開祖ですが、その誕生の様子を表しているのが花御堂です。お釈迦さまは約二千五百年前にインド北（今はネパール）のルンビニーの園で生まれられました。

マヤ夫人がルンビニーに立ち寄られたとき、右脇から生まれたと言われます。ルンビニーは花が咲きみだれていました。生まれるとすぐに七歩あゆまれ、右手は天を指し、左手は地面を指し、「天上天下唯我独尊」と言われたと伝えられています。その姿が誕生仏です。

横においてある白い像は、マヤ夫人が白像の体内に入る夢を見られ、身ごもられた物語からきています。白像は神聖な誕生を意味します。ニューヨーク本願寺では花まつり法要の前に、お釈迦さまの誕生にちなみ、初参りを行っています。一歳少しのジョン君と生後五日のボディ君が今年は初参りを済ませました。

一人ひとり、本当は「天上天下唯我独尊」という、天にも地にも私一人が尊ばれると言えるような命を頂いているのです。よく考えてみれば、私の命は私にしか生きられない命です。他人に代わりに生きてくれというわけにはいきません。

お互いに頂いた命を大切にし、意味のある生き方をしたいものです。——ＴＫ拝

No Connections !：インターネットが不通

四月十一日、十二日はニュージャージー州にある小さな町のシーブルック仏教会に行ってきました。田舎のほうでしてメールができなくて、ニューヨークに帰ってきてからブログを書いています。また、

撮った写真を取り込むコードをどこかに置き忘れたようで、いつも持っているカバンの中に入っていません。シーブルック近くの桃の木々がピンクの花を咲かせている写真を見せようと思っていたのですが、次の機会にということで。

以前、一九八九年〜一九九四年初頭まで、カリフォルニアの田舎のパレア仏教会というところで五年ほど住職をしていましたが、そのときも桃やネクタリン、アーモンドの木々が花を咲かせて満開になるのです。

パレアのほうでは、延々とブドウ畑、果物農園が続き、水平線ではなく地平線が見えるのです。シーブルックの道は結構、曲がっていますが、パレアのあたりはまっすぐに道が走っています。あまり自動車も通りませんし、運転はまっすぐ行けさえすればいいというぐらいにまっすぐなのです。同じ田舎でも西海岸と東海岸ではちょっと風景が違いますが、果樹園の花が満開になると春真っ盛りと感じるのは同じでしょうか。

景色はいくら説明しても、見ないことにはわかりませんね。とにかく、便利なものが使えなくなると、普通以上に不便に感じるものですね。――ＴＫ拝

Last Minutes：時間ギリギリ

毎月お寺の会報「こころ」を出していますが、すぐに締め切りがやってきます。ついこの前記事を書いたばかりと思っていたら、もう締め切りがやってきました。実は今日までに会報を作っている人

に送らねばならないということで私は朝から一日中、記事を書いていていました。法話の部分は結構時間がかかっています。何でもそうですが、うまくいくときはスーッと終わってしまうのですが、うまくいかないときはどうも時間ばかりかかってしまいます。

私の悪い癖で、何でもギリギリになってしまうというか、ギリギリにならないとしないというのか、まあ、相変わらず同じパターンを繰り返しています。たいてい間に合っていますので、良しとしておきましょう。

英語ではラスト・ミニットということになりますが、よく私はいつもラスト・ミニットだ、と言われます。最近、気がついたのですが、これは時間の使い方、考え方の違いからくるのだと思いました。時間に余裕をもってやればいいというのですが、実は時間に余裕があると他にすることを入れてしまうのです。待ち合わせの時間でもそうですが、だいたいギリギリにしか着きません。時間に余裕があると、じゃあその間に他のことをしようと他の用事をしているうちに、同じようにギリギリになるのです。

ある意味で時間を大切にしているのかもしれないです。無駄に時間を使わないようにしているわけですから。言い訳という気もしますが……。――TK拝

Time to Go to Cleveland：クリーブランド

明日から出張でオハイオ州のクリーブランドに行きます。金曜日の午後は東部教区の僧侶の会議が

オハイオ州クリーブランドにある浄土真宗のお寺です。

あり、夜は公開仏教講座がクリーブランド仏教会で開かれます。私が講演をすることになっており、『観無量寿経』というお経について講演をしてほしいということで、今日はその最後の準備をしていました。

クリーブランドは飛行機で一時間半ぐらいですので楽です。毎年、四月の半ばに東部教区の会議をクリーブランドで行っています。地理的に東部教区のまん中にあたるので、ここで会議をしています。私自身は十五年間、毎年一度お邪魔していることになります。

米国仏教団は八つの教区に分かれています。桑湾（サンフランシスコ）教区、沿岸教区、北加（北カリフォルニア）教区、中加（中央カリフォルニア）教区、南加（南カリフォルニア）教区はカリフォルニア州にあり、西北教区がワシントン州やオレゴン州、山中教区がコロラド州とユタ州、そして東部教区はミシシッピー川から東側という感じです。

東部教区のお寺はシカゴの中西部仏教会、ニュージャージー州のシーブルック仏教会、バージニア州の恵光寺、ミネソタ州のミネアポリスのツイン・シティ・サンガ、オハイオ州のクリーブランド仏教会とニューヨーク州のニューヨーク本願寺仏教会で、多くの数はありません。僧侶が集まると言っても、米国仏教団の小杭総長を含めて四人だけです。

土曜日は東部教区の各お寺からの門徒の代表者二名ずつと僧侶で一日中会議をします。日曜日はクリーブランド仏教会の花まつり法要を行うことになります。今回は子供用の法話を中西部仏教会のシーバー師、大人の法話を総長が行うことになっています。

ところで、クリーブランドにはロックンロール博物館があります。私は結構ロックなど昔から好きだったので、一日中その博物館にいても飽きません。オープンになった当初にお坊さん皆で行きましたが、いいものがそろっています。もちろん私の好きなビートルズに関してもいろいろありました。

ロック・ファンであれば必見。――TK拝

Great Weather in Cleveland：クリーブランドは快晴

クリーブランドから予定どおりに帰ってきました。今回は以前のようにフライトのキャンセルもなく、時間もほとんど遅れず、無事、日程をこなしました。

今日は週末にたまった仕事、メールや電話に返事をして、会報「こころ」の日本語を書いたりしていました。午後からは、広島・長崎原爆平和祈念式典の準備会議、日本語による仏典講座『教行信証』を開きました。

それにしてもクリーブランド仏教会は郊外にあり、ゆったりとした気分で三日間を過ごしました。ホテルの中で会議をするのはもったいないぐらいの本当に気持ちのよい気候でした。青い空をのんびりと眺めたりすることを私たちは忘れてしまいます。小さく考えがちになる私にはたまに大空を見ることは大切だと思います。

果てしなく広がっている空間である空はまさに無量の光の阿弥陀仏の世界を思わせてくれます。広い空を見ていると自分の悩んでいる大きな問題も小さくなって見えます。小さなことで悩むより、大きな広い世界を持って生きていきたいものです。

田舎の方は皆ゆっくりしている感じで、時間の経ち方も違います。この意味では同じ時間とは言っても、その時間の使い方は人それぞれ違います。

そういえば、最近は以前に比べて時間が経つのを速く感じます。一月に始めたばかりのコラムがいつの間にかもう四月も半ばです。——TK拝

Supporting Karma：助業

最近のニューヨークの気候は暖かくなったと思ったらすぐにまた寒くなり、動き出したかと思うと立ち止まり、またエンジンのかけ直しという感じです。そのためかどうも波に乗れない感じです。

私もどちらかというとコツコツやるというより、一度にバーッとやってしまうのが好きなタイプです。同じことをずーっと続けるのはどちらかというと苦手です。その意味では、ブログが続いているのは嘘のようです。

そういえば、先週でしたか、このブログを読んでいる人から「僧侶としての恋愛観／結婚観」のと

ころが開けませんと言われました。実際、この項目についてはあまり触れることがありませんでしたので、まだ書いていないのです。一つぐらい書いておきましょう。

お釈迦さまも悟りを開かれる前ですが、ヤショーダラと結婚をされて、家族を持たれたことがありました。ラーフラという子供もありました。その体験から、恋愛は渇愛と同じで迷いの種だと考えられたようです。もちろん当時の結婚と今の結婚では国もシキタリも違うでしょうから、そのあたりも考慮に入れねばならないでしょう。

浄土真宗の開祖の親鸞聖人は正式に結婚をされ、家族を持ちながら念仏に生きてゆかれました。親鸞聖人自身も恋愛問題、結婚問題では苦しまれたようです。どこで落ち着かれたかと言うと、師匠の法然聖人の言葉であったようです。

「衣食住の三は念仏の助業なり。能々たしなむべし。妻を儲くること、自身助けられて念仏申さんためなり。念仏の妨げに成らぬべからんには、ゆめゆめもつべからず」と法然聖人は言われています。

念仏の実践をサポートする、助けていく行いを助業といっています。現世を生きるには念仏をしやすい状況にもっていくことが大切だという考えです。念仏中心主義なのです。衣、食、住も念仏の実践を助けていくものであれば助業であるということです。それと同じように、結婚をすることでも、それが念仏を助けるのであれば結婚すればいいし、逆に念仏を妨げるようなものであるなら結婚すべきでないということです。とてもシンプルで、わかりやすいと思います。

これを応用するなら、仏教徒であれば、仏教を実践することを妨げるか、助けるかで何事も決めればいいということになります。恋愛をすること、結婚をすることが仏道の邪魔になるか、助けになっ

ていくかが分かれ目ですね。――TK拝

Palms Together：手を合わす

恋愛や結婚、また離婚にしても、すべてのことに対して基本的に因縁の世界で捉えていくのが仏教の立場です。

日本語で私が結婚式を行うときに、次のような文を読みます。

「先師の曰く。生をこの世に受け、数多き者の中より夫婦の契りを結ぶは浅からざる因縁のいたすところなり。深く感謝の思いをなすべし……」と始めます。

考えてみれば、たまたまこの時代、この国、この世に人間として生を受け、何億という人がいる中で二人が出会い、恋愛し、結婚をする。何か深い因縁を感ぜずにはおれません。だからこそ、その因縁に感謝していくべきなのです。

何が縁で結ばれ、また何が縁で別れるかわからないのです。ただ結ばれるときは感謝できるでしょうが、別れるときにはなかなか感謝できないのですが、それでも最後には感謝すべきなのだと思います。

私の身近に起こった例は、9・11同時多発テロ事件の後のことでしょうか。テロ事件以降、急に結婚をする人が増えました。付き合っていてもなかなか結婚しなかった人が一緒になったということをよく聞きました。私が結婚式を行った少なくとも一組は私にそう話しました。また私の知り合いの牧師さんなども同じことを言っていました。また、今までうまくいっていた夫婦が離婚したり、逆にあまり夫婦仲が良くなかったのに関係が改善したというケースも耳にしました。

何が縁でどう転ぶかわからないのが私たちの人生なのだと思います。良くなる場合もあれば、悪くなる場合もあるのです。

いずれにしてもそのような因縁の世界を知るとともに、「こんなはずじゃなかった」というのではなく、「これもまた人生」という感じで受け入れていくことが大切なのだと思っています。誰の言葉か知りませんが、「過去は変えられませんが、見直すことはできる」のです。ただ否定していては、因縁を受け入れることになりません。好き嫌いにかかわらず、今ある現状を認めていくことですね。

「口では簡単に言えるが、実際には無理だ」と思われるかもしれません。そんな人に是非実践してもらいたいことがあります。

それは、手を合わせて、合掌してみることです。恋人に、結婚に、離婚に、好きな人に、憎い奴に、嫌な上司に、出来の悪い部下に、親に、子供に、食べ物に、花や木や自然に……そして自分の人生に。実際に手を合わすのが難しいようであれば、心の中で合掌をしてみて下さい。何かが変わります。

――TK拝

It's So Warm！：暖かい春

なかなか暖かくならないと思っていましたが、突然週末に気温が上がり、公園は花盛りです。昨日

はリバーサイド・パークを散歩してきました。桜やモクレンの花が綺麗に咲いていました。気分は上々。——ＴＫ拝

NY 本願寺前のリバーサイド・パークも春です。

Swine Flu！：豚インフルエンザ

日本のニュースなどを見ていますと、豚インフルエンザが相当大きく報道されているようですが、何かやりすぎな感じですね。ニュースの悪いところはあまり話題がないと何とか話題性のあるものを大きく取り上げようとすることでしょうね。

同時多発テロのような大きな事件が起こったのであればわかりますが、どうも過敏反応というか、逆効果というか。皆を不安にさせるだけではないかとも思います。もちろん、あまり軽く見すぎるのもよくないとは思います。

人ごみを避け、健康状態の悪い人には近づかない、石けんを使い頻繁に手を洗う、メキシコへの渡航は避ける、調子が悪くなったら外出を避けるなどの注意がなされています。同時に、普通の生活をするようにとブルンバーグ市長なども呼びかけており、私も含めて、ニューヨーク市民は大騒ぎする

ほどのことのように感じてはいないように思われます。

　ニューヨークから日本に行った人からメールがあり、成田で豚インフルエンザの検査のため三時間ほど待たされたとぼやいていました。メキシコから来たのならまだしも、ニューヨークからも同じように検査をしなくてもいいだろうと言っていました。

　マスコミというのもある意味で本当に人騒がせだと思うことがあります。人の興味を持つような放送、報道をせねば、視聴率が取れない、雑誌・新聞が売れないということになりますので仕方ない部分もあります。ですから、見たり、読んだりするほうがしっかりそのあたりのことも考えていく必要があるということでしょう。

　実際、私自身もこれまで新聞などで取り上げて頂いたこともありますが、インタビューされた場合は六〇パーセントぐらい正しければ良しとせねばならないことを知りました。特に仏教をあまり知らない人がお寺のことなどをインタビューしにきたときは、たいてい「私はそんなことは言っていないのだけど」と思う部分がたくさん出てきますが、いいことが書いてあればそれでいいということにしています。

　生放送と自分で書いた文章以外はインタビューをした人、あるいは記事を書いた人やプログラムを作っている人の主観や考え方が必ず入ります。仏教的にはものを見るというが、実際のものをそのまま見ているのではなく「我」を通して見ているということです。

　同じ花を見ても、綺麗な色だと言う人も入れば、あの花は私の好みではないと言う人もいるでしょう。中には、花屋ではいくらで売っているというように花の値段を見る人もいるかもしれませんし、また家に持って帰りたいなあと思って見ている人もいるでしょう。花を見ているというよりは自分の好み、都合を花の上に見ているということになります。

歴史などもいい例です。アメリカ大陸を発見したコロンブスは英雄かもしれませんが、原住民のインディアンを虐殺した侵略者でもあるのです。9・11テロ事件もテロリスト側から見るのと米国側から見るのでは評価の仕方もまったく違ってきます。一つの出来事でも立場によっていろいろな意味を持つのです。

私自身にとっての大きな問題は豚インフルエンザではなく花粉症です。先週末から急に暖かくなり、花が急に咲き、私は目がかゆく、くしゃみが出て、豚インフルエンザどころじゃない感じです。昨日は目を擦りすぎて、真っ赤になってコンタクトレンズが入れられなくなりました。——TK拝

Vesak Weekend：ヴェサックの週末

五月に入るとニューヨークの週末はさまざまな行事があります。ブルックリン植物園では恒例の桜まつりが行われています。お寺からも太鼓グループの僧太鼓がお昼頃演奏をしました。私は週末は忙しくて今年は行けそうもありません。

仏教の行事ではお釈迦さまのご誕生、お悟り、入涅槃の三つをお祝いするヴェサックあるいはヴェシャカの行事が週末に行われます。今日の夜も近くの韓国のお寺に招待されお参りさせて頂きました。日曜日には、チャイナタウンでニューヨーク仏教連盟のヴェサックが中国仏教連盟と共催で行われ

ます。私のお寺でのお参りの後すぐに合流するつもりです。そして夕方はユニオン・スクェア・パークで韓国仏教連盟によるお釈迦さま降誕を祝う提灯行列が行われる予定になっており、これにも招待されています。

日本ではお釈迦さまの誕生の花まつりを四月八日、お悟りを十二月八日、入涅槃を二月十五日の三つに分けて行います。この三つの出来事はすべて満月の日に起こったということでヴェサックと言っていると聞いています。満月は何も欠けていない完全なことを意味します。

NY 仏教連盟主催のヴェサック

お釈迦さまの生まれも完全であり、悟りも完全であり、涅槃も完全であったということです。今年のヴェサックでは、ニューヨーク市にヴェサックを仏教の祝日として認めてもらうように呼びかけるため、参加者たちから署名を集める予定にしています。国連でもインターナショナル・ホリデイとなっているヴェサックですから、是非ともニューヨーク市でも正式にホリデイ扱いになることを望みます。

仏教が米国で市民権を獲得するのにはまだまだ時間がかかりそうですが、努力をしていきたいと思っています。——TK拝

Nagasaki vs. Nakagaki：ナガサキとナカガキ

どうも週末が忙しいと月曜はゆっくりしたい感じになります。今日は朝のお参りはいつものように六時半にしましたが、それからまた家に帰って寝ることにしました。どうも疲れが残っている感じだったし、今日の午後の予定に差し支えてはよくないので、昼まで寝ました。

「寝るのが一番」というのが最近の私の疲れたとき、病気になりかけたときの対処法という感じです。三十分ほどでも寝ると大分違います。お昼からは三回忌のお参りが入っていて、その後は雑用をして、夕食はバッテン会主催の長崎市長田上氏の歓迎会に出席することになっていました。

田上市長さんとお会いするのは初めてでしたが、とても感じのいい方で好感が持てました。このたびは今週から始まった国連NGO軍縮会議に参加されるためにニューヨークに来られていたのです。広島の秋葉市長も訪NYされています。

ヒロシマの名は世界に知られていますが、それに比べてナガサキは二の次になってしまうことが多いのです。私は八月五日に毎年、平和の集い、広島・長崎原爆法要を行っていますが、少なくともいつも広島と長崎を常に一緒に並べるようにしてきました。

もちろん八月五日の午後七時十五分は日本時間の八月六日午前八時十五分で、広島へ人類初めての原爆が落とされたときであり、それにあわせて法要をしているという点では、広島のほうを大事にしていることになるのかもしれません。お寺に関して言えば、お寺の前にある被爆親鸞像は広島から贈られてきたものですので、その意味からはお寺と広島は切っても切り離せません。

逆に、だからこそ、私としては原爆法要をするときに、同じく犠牲になった長崎の人たちを忘れてはいけないと思っていました。私自身は大阪生まれの大阪育ちですので、どちらかに肩入れするという関係はありません。私自身の願いからすれば、広島と長崎は常に協力をして平和を訴えていくべきだと思っています。

ところで、最近よくナガサキさんと米国人から間違えて呼ばれることがあります。確かに、ナカガキとナガサキはよく似ていますね。そのあたりから言うと長崎に親しみがあります。

実は、私は今まで一度も長崎に行く機会がありませんでした。七月の頭に長崎に行く機会を持てそうです。今から楽しみにしています。その意味でも、今日は長崎から来ておられる田上市長さん、被爆者の方々、市民代表の方々にもお会いできてよかったです。

米国もオバマ大統領により核兵器撲滅の方向に向かう今ですから、広島・長崎両市長さんには特に頑張ってもらいたいと思います。こういうとき、日本政府もしっかりバックアップすればいいのですが、腰抜けというか、あまり期待できないようです。――TK拝

Children's Day?：子供の日？

五月五日は子供の日ということで、日本では鯉のぼりがいろいろな場所で見られるのでしょうが、こちらにはそのような習慣がないので、普通の一日でした。何となく寂しい感じがします。

今週の日曜は母の日ですが、こちらでは母の日は大切にされていますね。カーネーションやバラの花を贈って、食事をしたりします。来月の父の日は忘れられがちですが、母の日は皆がお祝いします。

今日は近くのユダヤ教の牧師さんの家で、アッパー・ウエスト・サイドの聖職者が集まる機会がありまして、私も含めて三〇人ぐらいが出席しました。そこに行く途中通りを歩いていると、母の日のレストランの予約受け付けていますという看板が目に留まりました。多くのレストランなどで、母の日のスペシャル・メニューを用意しています。また、花屋さんもいつもより多くの花を用意していて、今週は一番忙しい時期だと言います。花の値段も一時的に高くなります。

その国その国によっていろんな習慣がありますが、習慣によっていろいろな価値観がそこに反映されているのです。今日の聖職者の集いでも習慣の違いということが話題になりました。

ニューヨークに来てよかったと思うことのひとつは、多くの違う宗教、文化、習慣を持つ人と話をする機会に多く恵まれることです。食べ物や服装、飾り付けなどにもユニークさがあり、面白いなといつも感じます。

このように自分とは違う宗教、文化、価値観に出遇うとき、同時に思うことは、日本の持っているユニークな宗教、文化、価値観、習慣などをもっと大切にしていくべきだということです。外ばかり見るのではなく、自分の持っている内を見失ってはいけないと思うのです。――ＴＫ拝今日は共同通信の記者がインタビューにやってきました。内容は経済危機によるお寺への影響を聞きたいということでした。

あるキリスト教の雑誌によると、米国の経済危機にもかかわらず、プロテスタントの礼拝出席者は減らず、献金にも力を入れているそうです。また失業や経済不安から、教会に助けを求める人々が全米各地で増えているということで、仏教ではどうかということになったようです。

実際に、お寺に来る人の中にも、経済危機の影響で失業した人も少数ではありますがいらっしゃいますし、これを機に引退した人もおられます。仕事が見つからずにニューヨーク市内に住むのをあきらめて引っ越しした人も知っています。

なぜお寺に来るのかをいつもいつも聞くわけでもありませんので、わかりませんが、失業して何か心の支えを求めて来た人も耳に入っているだけでも数人はいました。ただ、全体としてはお寺のお参りに関してはあまり目立った変化は感じませんでした。人数も同じくらいですし、人が入れ替わり立ち替わり来るのはいつものことです。

毎週日曜日に法話をしますが、結構、経済危機にあってそれを乗り切る道を織り込みながら話すことも最近多くなったかもしれません。先行きわからない状況であっても、今、自分ができることをしっかりやっていくことの大切さを強調したり、中心になるものをいつも持っておくならば、だるまさんのように倒れてもまた立ち直ることができる、あるいはどんな状況であっても智慧と慈悲を忘れないようにすることなどを話すこともありました。

仏教の諸行無常ということ、すなわち、すべてのものが変化する、うまくいっていたものもいつ崩れるかわからない、また同時に苦しみも楽しみに変じるかもしれない不確定なものであるということも話しました。

実は昨日も近所のキリスト教の牧師さんとも話していたのですが、そこの教会ではあまり変わりがないと言っておられました。ただ今まで会員になろうかどうかと迷っていた人が会員になってくれたと話していました。

そういえば、お寺も経済状態が大変だろうと言って、すすんで寄付をしてくれた人が幾人かいたのを思い出しました。苦しいときに相手を思える温かい心に出遇えることは嬉しいことでした。

今回の経済危機は大きなものかもしれませんが、ニューヨークの人にとっては9・11同時多発テロに比べれば何てことはない、と思っている人も多いのではないかと思います。あの9・11の惨事を乗り越えたのだから、今回も大丈夫という思いがあると思うのです。

お参りの変化ということも、9・11の後のお参りは、最初の一カ月はそれこそ本堂がいっぱいで入れないほどの人が詰め寄せるという明らかな違いが起こりましたが、今回は静かなものです。お参りをする真剣さも違います。9・11は大波が打ち寄せてきた感じでしたが、今回の経済危機は少し波が大きくなったかなという感じです。

何はともあれ、今日はインタビューを通して、経済危機と仏教の関わりを考えるご縁を頂いたのでした。――TK拝

New Publication：“Shinran”：『別冊太陽「親鸞」』

先週送られてきた平凡社の『別冊太陽「親鸞」』という雑誌に、やっと目を通し始めることにしました。二〇一一年は浄土真宗の開祖の親鸞聖人の七百五十回大遠忌が行われることになっており、それを記念して出版されたものです。

この雑誌の「我が親鸞像」という中に私の書いた記事が入っていますので、読んでみて下さい。このような記念雑誌に執筆を依頼して頂いたことに感謝しています。執筆者の略歴を見る限りは私が一番若いようです。

中身は少々難しい感じですが、綺麗な写真が多く使われていてそれだけ見るのでも面白いと思います。親鸞聖人の生涯、浄土真宗のことが体系的によくわかるように書かれています。どちらかと言うと西本願寺寄りに書かれていますが、読み甲斐はあると思います。

そこでも書きましたが、「親鸞聖人や法然聖人が今ここで生きておられたなら、どうなさるだろう」という問いは私にはとても大切なものです。答えはないと思いますが、それでも多くの可能性を教えてくれます。

この雑誌では親鸞聖人のことを中心にしていますが、私としては同じ二〇一一年が親鸞聖人の師匠の法然聖人の八百回大遠忌にも当たる年ですので、浄土宗と浄土真宗が協力して何かしてもらいたいと願っています。劇団前進座が日本で「法然と親鸞」の公演をしているようですね。浄土宗と浄土真宗が後援となっていますが、素晴らしい企画だと思います。是非、ニューヨークやロサンジェルスなどでも公演をしてもらいたいものだと思います。

個々でいろいろなことを行うことも大切ですが、力を合わせて一緒に何かを創り出すことも大切だと思うのです。日本での仏教復興運動という感じになればいいのになぁとも思います。

この雑誌ではあまり扱われませんでしたが、「現代の社会に浄土真宗、また仏教が応えていけるのか、またリードしていけるのか」ということも考えねばなりません。グローバルな社会、国際的社会にあって、どんなメッセージを発信していくべきか、また今の日本社会に対する仏教者としての責任を考えていくことも大切だと思います。

ニューヨークにいるからかもしれませんが、日本の仏教は元気がなさすぎるようにも感じます。自分のお寺経営ばかりではなく、社会に貢献し、社会をリードしていき、仏教の価値観を教育の場、政治の場、社会の場に伝えていく必要があると思います。

『親鸞』を読みつつ、いろいろな考えが頭に浮かんだ一日でした。——TK拝

（追伸。よくみると、発行日が二〇〇九年五月二十四日になっていますので、まだ書店には置かれていないのかもしれません。）

Danger and Opportunity：危と機

経済危機ということで、肝心なことを書き忘れたことに気がつきました。

危機というのは「危ない」ということと「機会」「オポチュニティ」ということです。ただ危ないだけではなく、それが次の機会を生んでいく原動力になっていくのだということは大切なことだということです。

実際、危機になってこそ本当の自分の力が試されるということでしょう。うまくいき、波に乗っているときは誰でも調子よくいくものです。壁にぶち当たったときに真価が問われるのでしょう。

仏教で悟りのシンボルと言えば、「蓮華」です。この蓮華は「陸地には咲かず」といいますが、煩悩や迷いのない世界には悟りもないということです。言い換えれば問題のない、危機のないところに悟りはない。

「蓮華は泥沼に生」じるのです。すなわち、煩悩、迷いの真っただ中に悟りがあるのです。すなわち、問題、危機の中にこそ悟りがあるということになります。まさに邪魔になっていると思う煩悩や迷いこそが悟りの原動力なのです。その意味では、危機こそがこれから成長していく中でもっとも大切なものなのではないでしょうか。

実際に、人間は失敗を重ねて大きく成長していくようです。失敗したときに、多くのことを学びます。それは病気をすることによって健康の大切さを知るのによく似ているかもしれません。うまくいかないで卑屈になってしまうと困りますが、人生うまくいかないほうがいいのです。そのほうが多くのことを学ぶでしょうし、苦労することになります。

危機を逃がさず、しっかりと受け取り、乗り越えて、成長していける機会を大切にするということは仏教的な受けとめ方と言えるでしょう。――ＴＫ拝

母の日はお店もお花でいっぱいです。

Happy Mother's Day！：母の日

ハッピー・マザーズ・デイ！　母の日、おめでとうございます。

ニューヨークの街には普段より多くの花が置かれ、華やかな感じです。――TK拝

Scrolls for Auction：掛け軸のオークション

今日の午前中はテレフォン・コンファレンスで、六月二十日に行う原爆法要ユニヴァーサル・ピース・デイのためのファンドレイズの話し合いをしました。先週末は先週末で、インターフェイス・センターのアワード・ディナーのファンドレイズの会議がありました。

現代の社会にはどうしても資金が必要になるのです。お寺であっても、非営利団体であっても、現代社会にある限りは避けられないことなのでしょう。活動を維持したり、行事を行うのにはやはり資金なしにはやっていけません。

そこで私も何か手伝えればと思い、掛け軸を寄付することにしました。そのため今日はチャイナタ

ウンに行ってきました。チャイナタウンでは白抜きの掛け軸を売っているので、それを買いに行ったのです。

特に書道のデモンストレーションをするときには、直接、掛け軸に書くので、皆の見ている前で完成できるのです。もちろん間違えるわけにはいかないのですが、その一時に集中するということになり、仏教的だろうと思っています。今のこの瞬間を精一杯に生きるという感じです。そして、それをオークションします。

実際のことを言うと、こちらでうまく表装をしてくれるところがありませんので、前もって表装をしてあるものを使うのが手っ取り早いのです。

ところで、最近は私が人前でデモンストレーションを行うときは、横で琴や尺八で静かな音楽を演奏してもらうようにしています。そうすると、人の目線が柔らかくなり、気持ちよく書けるのです。緊張しないわけではありませんが、演奏が入るときと入らないときでは全然違います。

さて、どんな言葉を書きましょうか。――TK拝

Vesak at the United Nations：国連本部でのヴェサック

今日五月十五日は、国連においてお釈迦さまのご誕生、お悟り、入涅槃を祝うヴェサックの行事が行われ、私も出席しました。今年はヴェサックが国際的に認められるようになって十年目に当たり、国連の中の ECOSOC 会議所で行われました。

多くの蓮華で飾られた中央にお釈迦さまの誕生仏が置かれ、二つ用意された大きなスクリーンには韓国仏教の紹介、式典のときは、お釈迦さまが瞑想されている仏像が映し出されました。

韓国、スリランカ、バングラディッシュ、ラオス、ミャンマー、カンボジア、ベトナム、日本など、さまざまな国から七〇人ほどの僧侶が集まりました。会場にはさまざまなアジアの国の政府代表部から国連大使が来られ、国連で働いている人たちも集まり、会議室がいっぱいになっていました。

国連事務総長バン・キ・ムーン氏も出席され、スピーチをされました。自分の母親が熱心な仏教徒であるとスピーチを始められ、お釈迦さまが今から二千五百年前に説かれた縁起の教え、自他一如の世界、慈悲の世界はこのグローバル時代を導いていくものだと話されました。韓国のお坊さんによると事務総長も仏教徒だと聞きました。

私も十年間、参加させて頂いていますが、国連事務総長が自ら出席されたことはこれが初めてでした。とても嬉しく感じました。ただ事務的に来たというより、自分から好んでやってこられたという印象を受けました。話すのを直接聞いたのは初めてでしたが、好感の持てる人だと思いました。

今回はもう一つよかったことがありました。それは日本政府代表部からも奥田大使が来られたということです。今まで私の知っている限りは、日本の代表者が来たのは今回が初めてだと思います。近い将来に、日本政府が主催でヴェサックを国連で行って頂きたいと思いました。日本の名前がいつもインターナショナル・ヴェサックのサポーターに入っていないので、出席しても何か肩身が狭い感じがしていましたが、今日はそうではありませんでした。

私個人の意見としては、宗教に偏ってはいけないといって、かえって意固地になっているという感じです。宗派、国境を越えて集まっている仏教行事のヴェサックに参加することは、一つの宗派ではないわけですから問題ないと思いますし、実際、聖徳太子から始まって今に至るまでお世話になってきた仏教の行事に日本が協力してもバチは当たらないでしょう。俗っぽい表現で、すみません。

こんなわけで、今日は何となく気分も爽快です。——TK拝

Birthday of Master Shinran：親鸞聖人の誕生日の法要

今日の午前中は浄土真宗の開祖である親鸞聖人のお誕生を祝う「降誕会」を勤めました。親鸞聖人の人生の転機について、所謂「三願転入」について法話をしました。自力修行（十九願、二十願）から他力の世界（十八願）に目覚めていかれる過程を中心に話しました。

午後からは"Just Laugh"というドキュメンタリー・フィルムを見て、それを製作されたジョン・ガラッソ氏を交えて質疑応答をしました。実はこのフィルムには私も登場します。実際、笑うというのは健康にいいことなのです。笑うことは薬のいらない健康法です。

皆様も笑顔を忘れずに！「はい、スマイル！」。——TK拝

Our Kansho Bell Was Stolen !：喚鐘がない！

今日は少し残念な話を書いておきます。先週、気がついたことなのですが、日曜日のお参りに始ま

りの合図を喚鐘を打って知らせるその喚鐘がなくなっていたのです。あれだけの重い物が勝手にどこかに行くことはありませんので、盗まれたのでしょう。

それは本堂のすぐ外の入り口近くで、地下の道場へつながる階段のところに設置してあったのです。最後に喚鐘を打ったのは四月半ばでした。

それに誰も気がつかないというのものんびりしていますが、仏具を勝手に持っていく（盗まれた）というのはとても残念です。お寺ができた当初に寄付されたものですが、お寺のため、仏法のために使うものを他の目的に使うことはよくありません。

実際、高さ三〇センチほどのものであまり大きくないのですが、鉄でできていますので相当重いのです。今のところ、まだ見つかっていませんが、もしニューヨークのどこかで見かけられたら連絡下さい。——ＴＫ拝

Graduation Ceremony at Pace University：ペース大学での卒業式

五月の先週ぐらいから、さまざまな大学で卒業式が行われる季節になりました。今日はラジオ・シティ・ミュージック・ホールで行われたペース大学マンハッタン校の卒業式にインボケーションをしてほしいということで、出席しました。

ラジオ・シティ・ミュージック・ホールといえばロックフェラー・センターにあるホールで五九三三人収容の世界最大のホールです。毎年六月のトニー賞の授賞式もここで行われますし、十二

月にはクリスマスのショーもニューヨークの伝統行事になっています。こういう場所で卒業式をするということ自体、ニューヨークならではだなと思いました。

実は、ペース大学の卒業式に出席するのは今回が二回目でした。正確には三度目でしょうか。前回は大学と大学院の両方の卒業式に出席しましたので二回と数えれば、今回が三回目ということになります。今回は午後から用事が入っていたので大学院のほうはお断りしました。

世界最大のラジオ・シティ・ミュージック・ホール

以前に出席したのは五年前ですので、ちょっと日が空いていますが、だいたいどういうことが起こるかぐらいは頭に入っているのであまり戸惑うことはありませんでした。卒業式は二、三時間は覚悟しておかねばならないことだけはよく覚えていましたし。以前のときもステージの前列に座らされましたが、今回もそうでした。会場のほうも以前と同じように、卒業生と家族でいっぱいになっていました。四、五〇〇〇人ぐらい来ていたと思います。

卒業生だけでも一〇〇〇人ぐらいはいます。こちらでは、大学の卒業式でも皆の名前を一人ひとり呼び、卒業証書を渡します。これだけでも相当の時間がかかることがわかると思います。

ペース大学マンハッタン校の卒業式

米国の大学の卒業式では、最初に聖職者がお祈りをして式を始めることになっていますが、今回私が招待された理由は、今年の卒業式は仏教の聖職者に来てもらいたかったということでした。プログラムによると、午後の大学院のほうはユダヤ教のラバイ（宗教指導者）がお祈りをするようになっていたようです。

私は、「仏教では縁起を大切にしていますが、簡単に言えば、人間は一人だけで生きているのではなく、皆が一緒に生きていることを教えます。学校では知識、知恵を学んだでしょうから、仏教で大切にしている智慧と慈悲のうち『慈悲の心』を育む、友愛の瞑想、を行います」と言いました。

皆が元気で盛り上がっているのを消してしまうようで悪いけどと断りながら、メディテーションを始めました。チーンという音がホールいっぱいに響きわたり、しばらく黙想をした後、友愛の瞑想を英語で行い、回向句のお経で終えました。三分～五分ぐらいのものでした。

その後は学長のスピーチ、基調講演、卒業生のスピーチ、ＯＢのスピーチなどが続き、アワード（賞）が渡されました。そして最後に皆の名前が順々に読まれ、校歌を斉唱し退場しました。

それにしても日本の卒業式が皆きちっと座り、真剣な感じなのと対照的に、会場からも歓声が何度も発せられ、学生の若さのエネルギーが会場に満ちあふれていました。気持ちのよい楽しい卒業式でした。

十時半に始まった卒業式が終わったのは午後一時半でした。とにかく、学生の皆さん、「卒業、おめでとう！」。——TK拝

Happy Birthday, Shinran Shonin !：五月二十一日は親鸞聖人の誕生日

今日は親鸞聖人の誕生日です。今日の朝のお参りは、親鸞聖人がお書きになった『正信偈』を行譜（称え方）であげ、和讃をあげました。旧暦の四月一日を新暦に直して、五月二十一日にお祝いするのです。こちらでは日曜が大きな集まりですので、それに近い日曜日に法要をします。

今回は、五月二十一日に近い今週の日曜日の五月十七日に法要を勤修しました。ちなみに先月四月のお釈迦さまの誕生を祝う花まつり法要は四月八日に近い、四月五日の日曜日に行いました。

親鸞聖人は一一七三年に京都の日野の里で誕生されました。昨年の十一月に日本に行った際、日野の誕生院を訪れました。日野誕生院の本堂には、父の日野有範《ひのありのり》の座像がありました。母は吉光如であったと言われています。また庭には親鸞聖人が出家された九歳のときの銅像がありました。

誕生日はいくつになってもいいものだと思います。ただし誰にも祝ってもらえないと悲しいものですが、その場合は、自分で自分の誕生日をお祝いしてあげるといいです。仏さまも共にあなたの生き

ている命を祝い、その命を全うし、感謝で生きていくように願われているのですよね。もうこの世にいない人の誕生を祝うということは、その人は過去の人ではなく今現在もここにいて、私を導いて下さっている人だということになるでしょう。親鸞聖人は今も私を導いて下さっている、共に歩んで下さっているのだ、というように感じる世界です。

いつも点すロウソクの火ですが、今日は同じ火がケーキの上についている火のように感じられました。親鸞さまの時代にはケーキはなかったと思いつつ……。——TK拝

Memorial Day in New Jersey：ニュージャージーでのメモリアル・デイ

シーブルック仏教会のほうへ出張してきました。土曜に入り、その夜は浄土真宗入門クラスを開きました。そして翌日の日曜は午前中に親鸞聖人の誕生をお祝いする降誕会を勤め、午後からシーブルック仏教会の近くの、アッパー・ディアフィールドの墓地でこのあたりの市民たちが集まるメモリアル・デイの集まりに出席し、仏教を代表して挨拶をしました。ここでは日曜日にお墓で集会を行い、月曜日はパレードを行っているそうです。

久しぶりに米国の普通のメモリアル・デイの墓地での集会でした。以前ワシントン州のシアトルにいたときは、今日と同じように退役兵士の会が主催して開かれるメモリアル・デイの集会に出席したことがありました。ニューヨークでは日系人会が主催して行い、パイオニアの日本人たちの苦労を偲び、彼らのお蔭で今の日系人社会があるのだということでお墓参りをします。

普通の米国でのメモリアル・デイは米国のために勇敢に戦って死んだ兵士たちを讃え、感謝を表す集まりなのです。これは米国の連邦政府が定めた祝日で五月の最後の月曜日です。

午後二時にバッグパイプの演奏で始まり、国家掲揚し、国歌を歌い、陸軍のテーマ曲、海軍のテーマ曲、空軍のテーマ曲が流れ、途中に退役兵士の会の代表者の挨拶、聖職者の挨拶、空砲を軍人が三人で撃ち、トランペットの演奏が入り、午後三時に閉会しました。

どうも予想をしたものと違った雰囲気であったので、私の挨拶は私自身がメモリアル・デイをどう理解しているかを話すことにしました。「メモリアル・デイは平和への祈念である」ということで話すことにしました。

人類の歴史は争いが絶えない、村と村の戦争、同じ人種の中でも争いがあり、それが広がり、国と国が争うようになっています。戦争は悲惨です。多くの人の命を奪い、多くの人々を悲しませるのです。広島で被爆した親鸞像に触れ、誰の責任、誰が悪いということではなく、二度とこのような悲惨なことを起こしてはならないという思いがあることを述べました。戦争には勝者がないということを話しました。

お墓に眠る兵士のような犠牲者を出さないように、平和な社会を築いていくことを誓うことがこの集まりの意義ではないかと考えますと話したのです。仏教は殺すなかれ、慈悲の世界を大切にするのです。戦争の悲惨さを通して平和の尊さを知ることが大切だと強調して私は話を終えました。

皆が幸せで、健康で、平和に満ちた人生を歩めますように。皆が痛み、苦しみから解放されますように。欲、怒り、愚かさという束縛を離れますように。仏の智慧と慈悲によって、真の悟りを開け

ますように。南無阿弥陀仏。——TK拝

Memorial Day in New York
：ニューヨークでのメモリアル・デイ

今日はマウント・オリベット墓地とサイプレス・ヒルズ墓地で日系人会主催のメモリアル・デイの集いが行われました。これも日系コミュニティの恒例行事です。

朝九時にお寺にバスが来て、その後、四四丁目と五番街の日系人会のオフィスがあるところで停まります。それから、クィーンズ地区にあるマウント・オリベット日本人墓地に向かいます。

大学医学部在学中のある日、解剖に立ちあったドクター高見豊彦氏の前に日本人同胞の死体が運ばれてきたのですが、死人の名前はなく、番号のみ与えられていました。この寂しい現実を重く受け止めた彼は、卒業後運動を起こし、日本人墓地の建設を強く呼びかけます。そして、一九一二年に彼の念願のこの日本人墓地ができたのです。

ここ十年ほどは、毎年、日本人学校の生徒と先生も参加されるようになりました。日系人会、ニューヨーク本願寺仏教会、キリスト教合同教会が共催して行っています。総領事館からも今年就任され

メモリアル・デイの墓参会

たばかりの西宮大使ご夫妻が出席されました。

順序としては、司会の方の挨拶のあと、すぐに読経、献花が行われます。それから、挨拶があり、法話があります。先人を偲び、今こうして私たちがニューヨークで生活し、活躍の場が与えられるようになったのも、先に来られた大先輩たちのお蔭であることを知ることが肝要なのです。

何でも当たり前のように思われますが、そうではなく、その背景には多くの努力、犠牲があったことを知る。大切なのは目に見えないところを見ることです。

この後、バスでサイプレス・ヒルズ墓地に向かいます。ここにはキリスト教の日系人の納骨堂とお寺の納骨堂があります。お寺のほうには百個あまりのお骨が納められています。ここでの法要は交互に行います。今年はまずキリスト教の牧師さんからキリスト教法要をして、場所を少し移して、仏教会の納骨堂で仏教式法要を行いました。マウント・オリベットは日本語の人が主で、こちらのサイプレス・ヒルズは英語の人が主になります。

天気予報では雨が降ると言っていましたが、どうにか持ったようです。――ＴＫ拝

Riding the Wave：波に乗って

物事は何でもそうですね。ブログを書いていてもそう思います。調子に乗っているときは、あれもこれもと思うのですが、そうでないときは今日はどうしようかなあ、と考えている間に時間だけが過ぎることもあります。

波に乗れれば問題ないのですが、それまでが大変ですね。またその波に乗り続けるということも難しいと思います。私としては、まあ、あまり気にせずに、乗れるときは乗れるし、乗れないときは乗れない、という感じでやっています。

波と言えば、私の好きな親鸞聖人の『和讃』にこんなのがあります。

「無明長夜の灯炬なり　智眼くらしとかなしむな
　生死大海の船筏なり　罪障おもしとなげかざれ」

どんな人生の波も乗り越えて進んでいきたいものです。力強い感じでしょう？

今週も頑張って乗り切っていくとしましょう！　――ＴＫ拝

Play: "I Have Been to Hiroshima Mon Amour"：ヒロシマの劇《プレイ》を観て

ソーホーにあるオハイオ劇場で原爆に関する劇場パフォーマンスを五月三十日までやっていると聞いていましたが、なかなか時間がとれないまま残すところあと三日になっていました。どう考えても行けるのは今日だけしかないということで、頑張って行くことにしました。

"I Have Been to Hiroshima Mon Amour" というタイトルの劇は一九六〇年に作られた "Hiroshima Mon Amour" というフランス女優と広島の建築家とのロマンスを描いたフランス映画に応答する形で作られていました。日本人の視点を入れ、広島の原爆の持つ意味を訴えかけていました。

三人の役者が演じる舞台は、ロマンスあり、笑いあり、その中に、広島や長崎で亡くなった市民の犠牲というシリアスな部分を交え、とてもいい劇であると思いました。戦争に勝った国によって書かれた歴史には埋もれがちな原爆の犠牲者にスポットを当てた作品でした。

歴史に埋もれることは多くありますが、広島、長崎の原爆に関しては、歴史に埋もれさせてはいけない重要な意味を持っているのです。核実験などが問題になる今、米国でもそうですが、日本でも知るべきこと、声を大にして言うべきことが多々あると思います。

広島・長崎を風化させないこと、歴史の中に埋もれさせないことが、世界の平和を考える上で大切なことであると思います。今年の八月の原爆法要に向けて、背中を押されたような感じのプレイでした。――TK拝

Sorbello Girls Market：田舎のマーケット

土曜日にシーブルックでお葬式ができ、前日の夜からそちらに泊まるようにしました。

シーブルックは田舎のほうにありますので、この季節になるとファーム農家でそこでとれた野菜や果物を売っています。そんなマーケットに立ち寄って新鮮な野菜や

シーブルックの近くのソーベル・ガールズ・マーケット

果物を買って帰るのが楽しみの一つなのです。今日はお葬式を終えて、ニューヨークへ帰る途中、よく立ち寄るソーベロ・ガールズ・マーケットに立ち寄ることにしました。

いちご、ズッキーニ、アスパラ、ほうれん草が旬でしたので、それらを買って帰ることにしました。来月には、トマト、スイカ、メロン、桃、トウモロコシなども旬を迎えます。ニューヨーク市内では味わえない田舎の良さです。――ＴＫ拝

School Visit：学校からお寺見学

いつの間にやら、もう六月になってしまいました。その途端、いろいろな大きなイベントを目の前に意識するようになりました。六月の日本行き、七月の盆踊り、八月の原爆祈念行事、九月の9・11追悼灯籠流しの準備に本腰を入れてやっていかねばという気持ちです。同時に、そのようなプレッシャーに押し流されないように、「リラックスしていこう」と自身に言い聞かせていました。

今日のお昼頃、カトリック系の学校セークレッド・ハート女子中学校の子供たちが八〇人ほどお寺見学にやってきました。昨年の今頃は、お寺の本堂の改築工事が始まり、お寺に入れませんでしたので、断りましたが、この学校は毎年、お寺見学に来ます。

今日はまず、最初に皆で静かに黙想メディテーションをするところから始まり、背筋を伸ばして、身体をリラックスさせ、息を静かにゆっくりと丹田（へその少し下あたり）呼吸をしてもらい、呼吸を数えてもらうようにしました。これをすることによって、最初ガヤガヤとしていた子供たちが急に静かになるのです。ある意味で、このメディテーションをすることによって、聞く姿勢が作られるのです。学校によってはクスクス笑いだしたりする子供が出ることもありますが、今日の子供たちは、しっかり集中してメディテーションをしていました。そのあと、私が短いお経をあげ、仏教の読経はどんな感じなのかを体験してもらいました。あとで子供たちから、どういうお経を読んだのか、南無阿弥陀仏と南無妙法蓮華経とどう違うのかということを聞かれました。

身体を使って何かを体験してもらうということは仏教でとても大切にしていることです。「体解」という言葉がありますが、ただ頭で理解するのではなく、身体を使って学ぶことが大切なのです。子供たちの中には、「とても心が平穏になりました」「落ち着きました」「気持ちよかった」と言っている子もいましたし、また「静かにするのは苦手だ」と言う子もいました。「メディテーションを自分でもやってみたいが、どのぐらいの間座ればいいのか」などの質問からも仏教に興味を持ってくれたことがよくわかりました。

手短にこのお寺を紹介し、時間もあまりないので、質問をしてもらって、それに答えながら、仏教を紹介することにしました。手がどんどん挙がり、もう終わりの時間なのでこれまでと言われるまで質問が絶えずに飛び交いました。

このあと、子供たちはイスラム教の教会に行くと聞いていました。自分たちの宗教とともに他の宗教も学ぼうという態度は素晴らしいと思います。日本では宗教という言葉を聞いただけで拒絶反応し、宗教に関してはなるべく触れないようにしているようですが、それとは対照的だと思いました。

また、子供たちの興味深そうな目を見ていると米国での仏教の未来は明るいという感じがしました。

仏教徒の人口が増えているのは確かですが、これからどのような展開をしていくのか見届けたいと思っています。

時間にして一時間ほどでしたが、楽しい時間でありました。――TK拝

Counseling：カウンセリング

今日、インド系の方で医者をしている三十代の男性が話をしたいとお寺にやってきました。電話よりも直接会って話したいということでしたのでお寺に来てもらったのです。米国のお寺では、カウンセリングを必要とされることが多く、それに対応することも大切なことなのです。

悩みを解決することよりも、相手の話を聞くということがカウンセリングの基本になるのですが、まあいつもいつも聞くことばかりにこだわる必要もないだろうと思ってやっています。

私としては相手を理解するように努め、こちらが説教するのではなく、できるだけ相手が自分で道を見つけ出せるように手助けするように心掛けてはいます。そのときに答えを出す必要もないと思っています。

彼が言うには人生の行方が見えない、自信を失った、自分に価値を見いだせない、ということでした。話を聞いていると、どうもいつも他人と比べて生きていて、劣等感にさいなまれているようでした。

相手の幸せ、成功を妬むのではなく、それを喜んであげるようにすること、自分で自分を見放すのは自分がかわいそうすぎますし、人間は一人ひとり違いますから、他人と比べず、役に立つ立たない

を見ずに、自分をもう少し信じて愛してあげるようにすること、を実践してみるということになりました。日曜のお参りにも来ると言っていました。

カウンセリングを通して思うことは、人が生きていく中にはいろいろな苦しみ、悩みがあるのだということを感じます。同時に、こういった苦しみや悩みを乗り越えられたときに、人は成長していくのだということも感じます。「苦悩の泥沼に蓮華という悟りの花が咲く」というイメージが頭に浮かびます。言い換えれば、苦悩のないところ悟りはないということになりますので、悩んだり苦しんだりすることもいいことなのです。

成功からあまり学ぶことはありませんが、失敗からは本当に多くのことを学びます。「若いときの苦労は買ってでもしろ」と昔よく言われていたことを思い出しますが、苦しみが人を強くし、大きくしていくのですね。

今日、お寺に訪ねてきた人も苦悩をしっかりと受け止め、乗り越えていってもらいたいと願います。

——TK拝

The Ana Tzarev Gallery：アナ・ツァレヴ画廊

昨日は、半年前にオープンしたばかりのAna Tzarevという五七丁目と五番街にあるギャラリーのプライベート・ツアーとランチに招待され、行ってきました。私はあまり美術について知識がありませんので、Ana Tzarevという人がどんな人なのかは知りませんが、とても色彩ゆたかな多数の絵画が並んでいました。

彼女は現代の日本で忘れられている価値観を米国人にも知ってもらおうとFloating Worldという展示をしていました。その題材は着物、お茶、書道から始まり、襖絵、浮世絵、桜などの日本の題材を西洋の感覚で再創成させていました。

Ana Tzarev ギャラリー

外から見ると、何がいいものなのかがわかるのかもしれません。「灯台下暗し」と言いますが、自分のよさは自分には見えないのでしょう。こういう展示を見るたびに、日本人は自分の持っている歴史、文化、そして宗教（仏教）をもう一度しっかり見直すべきなのではないかと思います。
真似をするだけでは、底が見えています。何でもそうでしょうが、借り物はどこまでいっても借り物に過ぎないのではないかと思います。自分の持っているものを大切にするとき、初めて、世界にも通用するものが生まれるのだと思うのです。
ギャラリーは広いスペースをうまく利用していて、とても気持ちが落ち着く感じに作られていました。入り口には二体の大きな仏像が置かれていて、入ってくる人々を迎えます。この日、一階にはイランなどの中東の状況を伝える写真が展示されていました。オバマ大統領が中東訪問をなさっているのと同じタイミングで展示されているのに驚かされました。

二階にも大きなホールがあり、彼女の日本の作品が展示されていました。昼食を頂きながら、このギャラリーの説明ビデオを見せてもらいました。昼食の際、話が彼女の画法はゴッホのそれと同じだと思われるという話題になりました。

ゴッホの絵には重苦しさが感じられるのに対して、同じ技法を使っていても、アナの絵には明るさ、平和が感じられるのです。まさに、絵は描く人の心がそこに表れるということなのでしょう。

忙しい中に、何となく心の落ち着くお昼の一時を楽しませて頂きました。——TK拝

Talent Show - Yeah !：タレント・ショーだ！

昨日の日曜日は年に一度のタレントショーをお寺で開きました。朝のお参りが終わって、パットラック（持ち寄り）の食事を頂きながら、お参りに来ている人たちが自慢の腕を披露しました。

司会はカレッタさんとスティーヴさんが行い、うまく盛り上げてくれました。歌、楽器演奏、踊り、小話、早口言葉、アクロバットなどのさまざまなジャンルにわたって楽しませてくれました。楽器演奏だけでも、バイオリン、ギター、ピアノ、トランペットといろいろありました。

私の出番は婦人会コーラスのギター伴奏で、「春がきた」と「上を向いて歩こう」の二曲を行いました。また後で私はソロでギターを弾きながらビートルズの歌を一曲披露しました。

こうして和気あいあいと楽しむことも大切なことで、日頃とは違った一面を見せて頂きました。いい息抜きになりました。楽しむこともいいことです。「よく学び、よく遊べ」です。

残念なことに、タレントショーを最後まで見たかったのですが、見られませんでした。というのは、私はケネディ空港近くのイスラム寺院で行われていたピース・コンファレンスに出席して、仏教からの平和に関するメッセージを行うことになっていたからです。

一人ひとり持っている才能はいろいろということです。タレントショーを通して感じたことは、参加者も出演者も共に一体となって、この楽しい一時を作り上げたということであり、ポジティブなエネルギーを感じました。

また来年もやりましょう!　――ＴＫ拝

Shinran at the 86th Street Subway Station：地下鉄の駅に親鸞?

今日は久しぶりに地下鉄のブロードウェイ線の八六通り駅で降りる用事があったのですが、実はこの地下鉄の駅にはお寺のモザイクが飾ってあります。

一九八九年にアーティストのニッツァ・タフィノがグロスヴェノール・ハウスの生徒と作ったセラミックのタイルを使いウエスト・サイドの風景を描いたものが地下鉄のホームに飾られているのです。http://www.nycsubway.org/perl/artwork_show?67 にいくと、それらの写真がありますので、一度見て下さい。その中の一つに、お寺の前にある親鸞聖人の像が描かれています。一九八九年に作ら

地下鉄の駅にある NY 本願寺のモザイク

れたということですので、よく見ると今のお寺とは少し違いが見られます。

扉に下がり藤の浄土真宗のシンボルと仏教のシンボルの法輪が描かれていますが、今はもうありません。銅像の上にはトタン屋根がありましたが、今は屋根が付いていません。

初めてこのモザイクを見たときは、こんなところに親鸞聖人像があることに驚いたものです。時が経つとそんなことも忘れて、当たり前になって、実際、あることすら忘れていました。

今日、八六通り駅で降りたときに思ったことは、「そういえばここに親鸞聖人像の絵のモザイクがあったはずだが、まだあるのかな」ということでした。その絵を見つけたときは、ホッと安心しました。――ＴＫ拝

US - Japan Leadership Program：米日財団のプログラム

日本総領事館の大使邸で米日リーダーシップ・プログラムの十周年のお祝いがあり、私もそのプロ

グラムに二〇〇二年と二〇〇三年に参加しましたので、出席することにしました。二カ月前に就任された西宮大使夫妻のお招きで、OBも含めて四〇人ほどが集まりました。

思えば、私はこの米日リーダーシップ・プログラムとは9・11同時多発テロの縁で関わるようになったのです。二〇〇二年の四月か五月ぐらいにコロンビア大学のほうから手紙が届き、そこには一週間ほど、米国と日本から二五人ずつさまざまな分野の若いリーダーを集めたプログラムを七月に行うという趣旨が書かれていました。日本の宗教についてのセッションがあるので、仏教を話せる人を紹介してほしいということでした。

後で返事をせねばと思いつつ、いつの間にか知らせてほしいと言われていた締め切りの日を過ぎてしまっていました。もう誰か見つかっただろうが、一応連絡だけはしてみようと思い、米日財団のほうへ電話を入れてみたのです。すると、まだ仏教の話をしてくれる人がいないので、誰かいないかと相談されました。

具体的にどのような条件の人が必要なのかを聞いてみると、年齢、時期、専門的知識など、私自身がその条件を満たしていることに気がついたのです。そこで、何だったら私が行ってもいいと申し出たところ、それはいいということになり、最終的に参加することになったのです。

よく聞いてみると、9・11同時多発テロを中心にいろいろな角度から話し合うプログラムでありました。当時、ニューヨーク仏教連盟の会長を務め、その後の復興運動、平和運動にも参加し、仏教連盟主催の追悼法要などをオーガナイズしてきた私としては、このような集まりで話をすることが私の責任のように感じていたのです。こうして、二〇〇二年七月末にシアトルで行われたプログラムでは、キリスト教の牧師のデービッドさんと二人でプレゼンテーションをすることになりました。

二十八歳から四十二歳までの各分野でのリーダーシップを発揮し、または将来性を実証した方々に参加資格があるというプログラムで、よくもこれだけの素晴らしい人たちが集まったものだと思いました。これまでに立法府、中央官庁、地方自治体、実業界、金融、新聞、テレビ、インターネット、雑誌、労働組合、司法、NGO、科学技術、工学、医学、軍事、宗教、演劇、映画、音楽、美術、学会、伝統文化、スポーツなどのありとあらゆる分野から参加されています。

私と同じときにも、NASAの宇宙飛行士、日本の衆議院議員、外科医、領事館、自衛隊の人など普通は会えないような人たちが集まったのです。私は僧侶ですので、宗教界の人たちとは付き合いがありますが、他の分野の同年代の活躍している人たちと出会う機会は稀なことです。

日本からの参加者も英語は皆できて当然という人ばかりですし、一つの話題がいろいろな角度から討議され、今まで経験したことのないような内容の濃いプログラムで、このプログラムに参加できたことに感謝しています。

9・11同時多発テロのご縁でこのプログラムに参加できたわけですので、ある意味では、テロ事件もすべてマイナスの要素ばかりではなく、多くのプラス要素もあったのです。

十周年を迎えて、ますます充実して日米の将来をリードしていく人たちが養成されていくことを心より念じます。言語、文化の違いを超え、さまざまな分野からお互いに理解し合い、協力していくことが大切なのだと思うのです。――TK拝

Long Drive：長距離ドライブ

今日はワシントンDC近郊のバージニア州スプリング・フィールドにある浄土真宗のお寺の恵光寺に来ています。ここで、週末に東部教区の僧侶養成プログラムを行うのです。教えを現在、未来に伝えていくためには、新しい人たちを養成していかねばならないことは必須です。また、現在お寺の数に対してお坊さんの数が足りません。それに、米国の人たちが育っていってこそ、初めて輸入の仏教や浄土真宗ではなく、アメリカン・ジョードシンシューが生まれてくるのでしょう。今日は五時間にわたる運転で疲れましたので、休養します。——TK拝

Movie Shoot at the Temple：お寺での映画撮影

昨日はお寺でコマーシャルの撮影がありました。別に仏教に関係したことではなく、お寺の建物がロシアの家に似ているという理由からでした。

ニューヨークでよく撮影現場に出くわしますが、最初から最後まで見ていることはまずありません。今日のでもわかりますが、ほんの二、三分の場面を撮るのに朝七時前にやってきて、片付けなどがすべて終わったのはほぼ午後一時でした。六時間もかけて、二、三分のシーンを撮るのですから、よほど気長な人でないと最初から最後まで見ることはないでしょう。

私はコンピューターを持ってきて、お寺の仕事をしながら、時々何をしているのか見ていました。スタッフの人たちが必要なときには手伝ってあげたり、誰かがお寺で迷わないように、また今日使っている部屋は土足厳禁でしたので、土足で入らないように注意をしたりしていたのです。「何かあったらここにいますから」といって二階の撮影現場がよく見える場所に座っていました。

最初に、午前七時前にトラックなどで器材などを持ってきて、お寺の前の道にセットしていました。その後、部屋の飾り付けの人がやってきて、次に出演者、それから、出演者の着替えとメークをする人がやってきました。これだけで三時間ぐらいは費やしていました。通りでは大きな照明、雨を降らす器具の設置など、小規模なものだと言っていたわりには、大掛かりな感じでやっていました。

そして、いよいよ三人の若い女性が、窓を開けて、雨あがりの青空を見上げて、バレエを踊りだすシーンを撮ることになりました。二時間ぐらいはその一シーンを繰り返していました。「あれだけ何回も同じことをようやるなァ」と思いながら、同時に、なるべく気をつけて窓を開けるようにするとは言っていましたが、「こんなに何度も窓を開け閉めすると窓のほうは大丈夫かなァ」とだんだん心配になりました。一つ取っ手が取れてしまいましたが、後でそれを直しに来ました。

外の通りでは、一〇人ぐらいの傘を持った人たちが踊るシーンを撮っていましたので、三人の女性とで一五人ほどで、セットをする人たちなどが一五人ほどいました。器材を積む大きなトラックが六台、駐車していました。

一つのシーンを撮るのにこれだけ多くの人が関わっていることを知ると、コマーシャルや映画の一つひとつのシーンもしっかり見るように心掛けようと思いました。何でもそうですが、表面に現れているのは大きな氷山の一角に過ぎないのだということです。数分の短い部分であっても、見えないところで長時間にわたり、数多くの人たちがそこに貢献していることを見せてもらいました。

仏教では冥加、すなわち、目に見えないところで働いているもの、を知ることが大切だと教えますが、そのことを肌で感じました。一人ひとりの人間もまた目には見えないところでいろいろなものを背負って生きています。浄土真宗では念仏を称えますが、その南無阿弥陀仏という言葉には如来さまの慈悲と智慧の大いなる願いが込められており、仏の名を通してその世界を知らせて頂くということになります。

ともかくも、興味を持って撮影場面を見せてもらいました。それから、スタッフの人に出される朝食も頂きましたが、とてもおいしかったです。ニューヨークならではの半日でした。——TK拝

お寺でコマーシャルの撮影

While Driving：運転中に

今週はお葬式が入り、またシーブルック仏教会へ行かねばなりませんでした。週末にワシントンDCのほうま

で片道五時間ほどを往復したばかりで、今度は片道二時間ほど運転して、同じ日に帰ってきましたので、少々疲れました。

よく考えてみると、以前シアトルにいたとき、カナダのバンクーバーまで何度か運転して行きましたが、だいたい二時間半ぐらいでした。それを考えると結構な距離を運転していることになります。最近は運転するのでも考えるようになりました。まず、足が疲れないように、なるべくクルーズ・コントロールを使うようになりました。CDかラジオしか聴けないと思っていたのですが、先日、カセットテープからカーステレオに音をつなげられることを教えてもらい、先月から、昔（もう二十年か三十年ほど前）日本から持ってきた仏教講話のカセットを聴きながら運転しているのです。

講義を聴きながら運転していると眠たくなるときもあるのですが、そのときは、大きな音で自分の好きな曲をかけると目が覚めます。私の場合はビートルズです。「サージェントペパー」、「アビーロード」、「ヘルプ」などのCDは眠気覚ましの必需品という感じです。

講話のカセットは百本以上持っていますので、懐かしい講義テープなどを聴きながら運転していると、時間が有意義に過ごせます。同じ二時間、三時間運転するのでも楽しい感じになってきました。

ちなみに、最近は私の恩師である梯和上の「尊号真像銘文」の講義を聴いていました。今から二十五年以上前に講義されたものです。——ＴＫ拝

I am in Japan !：日本にやってきました

火曜に大阪に到着しました。今回は東京で乗り継いで関西空港に入ることになっていましたが、私はたいてい伊丹空港に入るため、東京で国内線に乗り継ぐようなパターンでした。ところが今回は関空に入るということで、国際線のままでよかったところを国内線に出てしまったのです。

機内のアナウンスでは、名古屋とその他アジアの国に行かれる方は国際線の乗り継ぎに、それ以外は国内線と言われたので、それを鵜呑みにしてしまいました。念のために誰かに聞けばよかったのですが、到着時間も遅れ、慌てて走るように降りたのです。機内から降りたのが、五時四十五分ぐらいで、大阪行きが六時二十分でしたので、ほとんど時間がありませんでした。

汗だくになりながら、何とか大阪行きにぎりぎり間に合いましたので一安心。あれだけ走ると一気に時差ぼけがふっ飛んでしまった感じでした。他にもカップルの人が間違えたようで、大阪への乗り継ぎのアナウンスがなかったことに文句を言っていました。私もその意見に賛成。私もギリギリでしたので、乗れなかった人も中にはいたのではと思います。——ＴＫ拝

It's Nice to be Back in Japan：やはり日本はいいです

最近の八年間は、毎年一度は日本に帰っています。私の両親も四捨五入すれば八十歳になる年齢になっていますので、せめて一年に一度ぐらいは無理してでも帰るようにしていることもその理由です。

もともとの訪日の理由は、私の友人の原田真二さんの平和チャリティー・コンサートにゲストとして参加し、東京・広島・長崎の三都市を回ることです。特に長崎は今回初めて行きます。それに加え

て、東京で私自身の結婚式を挙げることです。二度目の結婚なのであまり大きな声でも言えませんが、今回はそのフィアンセのヘザーさんと一緒に訪日しています。

今から二週間ほど日本に滞在します。梅雨時期で天気が気になります。ゆっくりできたらと思うのですが、日程が結構つまっています。それに日本のことを書いても、あまり興味がないでしょうし、バケーションということでもありますので、やはりブログは少し休むことにします。——

TK拝

After my Vacation in Japan…
：日本での休暇を終えて

日本から数日前に無事帰ってきました。時差ぼけ気味ではありますが、元気です。だいたい予定どおりにことは運び、少々慌ただしい感じはありましたが、盛りだくさんな訪日となりました。

携帯が日本では発達していますが、インターネットは米国のほうが行き渡っていると今回感じました。コンピューターにワイアレスがあっても、あまり役に立ちませんでした。

ピース・コンサートでのパネル討論会（於広島）

それでは、旅行気分を返上して、仕事に戻ることにしましょう。これから、大きな行事が少なくとも三つ控えています。七月の盆踊りと盂蘭盆法要、八月の原爆祈念行事、九月の9・11追悼の灯籠流しです。——TK拝

A Circle of Obon Dance：盆踊りの輪

七月十二日、マンハッタンのど真ん中のアベニュー・オブ・アメリカ（六番街）と四二通りにあるブライアント・パークで、午後一時から四時まで、お寺主催の「盆踊り大会」を行いました。好天に恵まれ、気持ちよく六十回目のニューヨーク本願寺主催の盆踊り大会を終えることができました。一〇〇〇人以上の多くの人たちが参加してくれました。

ところで、よく「なぜお寺が盆踊りをやるんですか」と聞かれます。簡単に言えば、お盆の行事は『盂蘭盆経《うらぼんぎょう》』というお経によって行われている仏教行事ですので、お寺が主催しているのです。

盆踊りは「歓喜会《かんぎえ》」とも呼んでいますが、『盂蘭盆経』の中で最後に、仏弟子の一人である目連尊者の餓鬼道に落ちていたお母さんが救われていきますが、そこに集まった僧侶たちもそれを喜び、踊りだしたのが盆踊りの起源だと言われています。

東海岸沿いの浄土真宗のお寺は三つあります。ワシントンDC郊外のバージニア州スプリング・フィールドにある恵光寺、フィラデルフィア郊外のニュージャージー州シーブルックにあるシーブルック仏教会、そしてニューヨーク市はアッパー・ウエスト・サイドにあるニューヨーク本願寺です。

それぞれのお寺で盆踊りを行っています。カリフォルニアやハワイでも同じです。

盆踊りは二重、三重の大きな輪を作り、踊るのですが、日本人だけでなく、白人、黒人、ヒスパニック、アジア人、ヨーロッパからの人たちなどいろんな人種が一つの輪の中で踊る姿はこちらならではのシーンです。まさに大きな和の世界に通じていくものです。

中でも、米国人が浴衣や法被を着て踊っている姿がよく目に映ります。もちろん、日本人のように綺麗に着こなしているとはいえませんが、彼らは満足しているようです。

ブライアント・パークで盆踊り

日本では日本の文化、風習、宗教が衰退し、クリスマス、教会での結婚式などの西洋的習慣が盛んになる傾向にあるようです。お茶の世界からコーヒー、紅茶の世界へ、米食からパン食へ、寿司からステーキへ、というようなものです。それに対して、逆の現象がこちらではあるようです。コーヒーからお茶へ、パン食から米食へ、ステーキから寿司へというように、東洋的なものが西洋の国で受け入れられ、新たな力を得ているように思われます。

実際、日本で古いものは米国では新しいものであり、米国で古いものは、日本にとっては新しいものなのです。古めかしいものより、新しいものを望む思考は、人類の発展の歴史をもたらした理由でもありますから、ある意味、自然なのかもしれません。

私自身が仏教に興味を持ち始めたのも、大学で仏教書などを読む機会が増えるにつれ、古めかしいはずの仏教の教えの中に、新しい発見が多くあったからです。これからの世界をリードし得るだけのエッセンスが仏教の教えにはあると感じて、いつの間にか僧侶になっていたという感じです。私的には西洋の哲学や宗教よりも、仏教の法の世界は断然広く、深いと思っています。

米国の盆踊りは、仏教再発見という意味でも面白いものだと思うのです。

今回、日本へ行ったときに、新しい浴衣を買ってきましたので、今年の盆踊りでは、それを着ていきました。——TK拝

About Rev. Hozen Seki：関法善師を偲んで

今年の七月祥月法要はお盆の法要とともに勤修することになりました。七月はこのニューヨーク仏教会の創立者である関法善《せきほうぜん》師の祥月にもあたります。以前、私が大学生であったときに、一度講演を聴いたことがありました。顔などは全く思い出せませんが、ニューヨークにプロペラ機をカリフォルニアから乗り継いで、それこそ命がけでやってきたときの話と、お寺は三つのものさえあれば始められるという話は今でもよく覚えています。

その三つとは仏・法・僧の三宝です。関先生はニューヨークでお寺を始めるときにこの三つが揃っていたと言われました。一つ目の「仏」に関しては、先生は阿弥陀仏の仏像を持っていました。二つ目の「法」、すなわち教えですが、これは先生自身が説けばいい。三つ目の「僧」、すなわち仏法を実践する人、教えを聞く人ですが、先生には奥さんがいますので、彼女がその教えを聞く、と言われました。

それだけでニューヨークに飛び立ち、お寺を開いたのですから、大したものです。その行動力には感服致します。そのようなスピリットで出来上がったお寺の住職をさせて頂いていることを光栄に思っています。そしてその精神の灯火を大切にしていき、ますます多くの人々にその灯火が広がっていくことを念願し、それに向けて精一杯努力しているつもりなのです。

お寺の門徒さんのサムさんが私に言ったことを思い出しました。十五年前にこちらに来たすぐのときです。私があまり人がお参りに来ない、という話をしていたときのことです。「関先生はたとえ一人しかお参りがなかったとしても、それだけで十分に教えを説く価値がある、講座を開く価値があると言われていた」と私に話されました。そこに関先生の教えに対する姿勢を垣間見ました。人数ばかり気にしているようでは話にならない。どれだけの人が来ようとしっかりと教えを説くことの大切さを感じました。どれだけ内容をもった話をしているのかが問われているとも感じました。良いもの、本物であるなら必ず実を結んでゆくものなのですね。

日本人は特に世間体を気にするようですが、あまり周囲ばかり気にしていると何もできなくなってしまう社会であるように思われます。自分がやるべきことをしっかりと持つこと、たとえ周囲の人間がどう見ようと自分の道を貫くぐらいの人間がもっといてもいいんだと思います。

ただ我武者羅《がむしゃら》に生きるというだけでは困りますが、周囲の声を聞き、その声を理解した上で貫かねばならないものがあるならば、その道を進むべきなのでしょう。仏教の教えを広大なアメリカで伝え、その中心たるニューヨークにお寺を建てようとし、それを成し遂げた関先生のような人がもっと現れてほしいと願っています。当時も多くの人たちはそんな夢のようなことは無理だと思っていたことだろうと想像します。やぁー、やはりすごいです、関先生は！　――ＴＫ拝

My Encounter with the Shinran Statue：被爆像との出遇い

七月も半ばに入ると、八月の原爆の行事の最後の準備に追われます。毎年のことではありますが、一年のうちでもこの時期が一番大変な時期です。

八月五日午後七時十五分が、日本時間で八月六日午前八時十五分、すなわち、広島に原爆が落とされた時刻です。この時刻を中心に毎年、広島・長崎原爆平和祈念式典をお寺の前に立つ被爆親鸞聖人像の前で行っています。

私がニューヨーク本願寺に就任して以来、これだけはどうしても住職として行わねばならないと心に決めたことです。私がニューヨークに来る前に、被爆親鸞聖人像がもと立っておられた広島の三滝を訪ねました。一九九四年でしたが、その当時は親鸞聖人像が立たれていた台座がそのままあり、その上には九歳の出家された親鸞聖人像が立っていました。丘になっていて、そこから正面に爆心地が見えました。

NY本願寺の前に立つ被爆親鸞聖人像

近くの光隆寺さんというお寺でいろいろな資料を見せてもらいました。当時の新聞の切り抜き、写真、手紙などがありました。銅像を広島に寄付した広瀬精一さんが国連のあるニューヨークに被爆像を送りたいと言い出したとき、広島の人たちが反対運動を起こしたことも知りました。十年の歳月をかけて、代わりに九歳の親鸞聖人像を広島に残し、一九五五年、平和の使者として被爆親鸞聖人像が船で送られてきたのです。広島市内を練り歩き、日本全国から集まってきた多くの人々に見守られながら、海を渡ってニューヨークの地にやってこられたのです。

それまではただ広島で爆心地から約三キロの場所にあって被爆した親鸞聖人像だということぐらいは知っていましたが、この銅像に託された多くの人々の平和への願いがあることを知りませんでした。親鸞聖人像のもとで亡くなっていった人たちの思い、親鸞聖人像に励まされて生き延びてきた人の思い、二度と広島のような悲惨なことを起こしてはいけない、核のない、戦争のない平和への願い、広島の人々の願い、それに賛同した人たちの願いが原爆式典の根底に流れています。

私には少々荷が重いようにも思いますが、私にできることを精一杯させて頂くようにしています。

毎年行っている式典も、地元の米国人のアート関係の人々や、日本からも被爆者の小林康司さんや広島出身のミュージシャンで平和コンサートなどを今でも続けている原田真二さんたちが加わって輪が広がっています。お寺だけでなく、キリスト教会での式典も加わり、さまざまな宗教者が参加し、さまざまなジャンルのミュージシャンたちが集っています。

今年は、原田真二さんはもちろん、世界に誇る日本人ジャズ・ピアニストの秋吉敏子さんも夫のルー・タバキンさんと参加してくれます。米国のほうからはピーター・ポール・アンド・マリーのピーター・ヤローさんらが参加されます。

ニューヨークにいらっしゃる方は是非参加して下さい。広島・長崎は唯一の被爆国の日本人として世界に伝えていかねばならないことだと思います。私が行かなくても他の人が行くだろうではなく、私が行かねば始まらないという感じで参加してもらいたいと思います。——ＴＫ拝

Documentary Film："GATE"：『ゲイト』の上映

今年は八月五日の原爆平和式典に加えて、八月一日〜九日、『ＧＡＴＥ』という、原爆の火を初めて原爆実験が行われたトリニティーに持ち帰り、悲劇の輪を閉じようというプロジェクトを撮ったドキュメンタリー・フィルムを上映します。

ニューヨークで二年ほど前に、この映画の試写会に招待されたのですが、そのときにとても感動していつか原爆週間に私のお寺で上映したいと思い、プロデューサーのマット・テイラーさんに連絡を

とって上映することに許可をもらいました。

この映画は日本とロシアで公開されましたが、まだ米国では公開していないと言われ、その映画をお寺で上映できることを嬉しく思っています。頂いたＤＶＤに異常がないかどうかを見るために、日本語バージョンと英語バージョンを見せてもらいました。今さらながら、すごい映画だと思いました。

意志があり、行動を起こすならば、そこに門（ゲイト）が開かれていくという世界に感動しました。無理と最初からあきらめるのではなく、とにかくやってみること、行動に移していくことの大切さを感動を持って見ました。

プロデューサーのマットさんに敬意を表するとともに、マットさんの提案を受け入れ、自らの足で歩かれた僧侶たちの歩みを止めないように、さらにそれを推し進めていければと思います。微力ではありますが、核兵器廃絶、世界の平和ということに向けて、できることをさせて頂きたいと思います。

――ＴＫ拝

It's August Now !：とうとう八月だ

八月になってしまいました。日本からも広島の被爆者の小林さんたちがニューヨーク入りされ、この前に書きましたドキュメンタリー映画も今日が一日目となりました。

とうとう原爆のウィークが始まったという感じです。そんなとき、今回日本から来て歌って頂くことになっていた、広島出身のミュージシャンで親しくさせて頂いている原田真二さんが体調を崩されて、どうも今回参加できないというメールが入りました。

先月、日本に行ったときは、原田さんたちの主催されている平和チャリティー・コンサートで、広島・東京・長崎の三カ所ともパネリストとして出演させて頂きました。日本に行っている間に私はヘザーさんと結婚式を挙げたのですが、そのときも喜んで出席して下さり、披露宴では懐かしい「キャンディ」、そして大いなる調和・平和の「大和」という曲も歌って下さいました。

いつ何が起こるかわからないのは常のことですが、早く元気になって、またこちらでも歌って頂きたいと思っています。原田さんとは分野は違いますが、原爆の悲劇が二度と起こらないように平和のメッセージを届けようという点では重なる部分も多いのです。

平和の輪がどこまでも広がっていくことを願いつつ、是非とも一人でも多くの方に、その輪に参加してもらいたいと思います。コンピューターの前に座るだけでなく、たまには腰を上げて動いてみて下さい。

こちらでは米国時間の八月五日の広島原爆の日を中心としてイベントを行います。ニューヨークにいる方は是非、一つでもいいですから参加して頂きたく思います。また日本にいる方も日本時間の八月六日を中心にいろいろな場所で行われている平和イベントに足を運んでみてほしいと思います。

夏の暑い中で、いやだなと思う人も多いのでしょうが、広島・長崎で二〇万人以上の命が原爆で奪われたことを思うならば、お線香の一つでもあげさせてもらうことは大切なことです。

少なくとも日本は原爆を体験した唯一の国でありますから、もっと原爆の恐ろしさ、平和の大切さについて、世界に訴えていく責任があると思うのです。米国が悪い、日本が悪いというように非を訴えるのではなく、共に核兵器のない平和な世界を作ることにこそ努力をせねばならないと思います。

広島・長崎の持っている意味は大きいことを自覚する必要があります。憲法九条についても、もっと他の多くの国にこのような平和憲法を導入するように勧めるべきですし、原爆の恐ろしさ、平和の大切さを世界に伝えることは日本の責任であろうと考えます。

今の世界に本当の意味で平和を語れるのは、平和憲法を持つ日本だけだと思われます。その意味でも憲法九条は守らねばならないものだと考えます。八月五日のピース・デイの行事をとおして、日本の人たちにも平和問題における日本の立つ位置をしっかり考えてもらいたいと願うものです。日本で世界的に有名な三つの場所は伝統を伝える京都、近代文化・社会の中心である東京、そして、人類初の原爆が使用された広島なのです。——TK拝

Universal Peace Day is Today！：平和の集い

午後六時半にお寺の太鼓グループの有志たちの太鼓が鳴り響くのを合図に今年の広島・長崎原爆平和祈念式典が始まりました。あらかじめニューヨーク警察から許可を取って、お寺の前の道路を一時通行止めにしてありました。ニューヨーク本願寺の前に立つ被爆親鸞聖人像の前に一五〇人ぐらいの人々が集まりました。

今日のお寺での司会は池宮さんでした。太鼓演奏に続いて、ニューヨーク本願寺の理事長のジャスキラ氏が歓迎の言葉を述べ、私と韓国仏教僧が読経『重誓偈』をリードし、一般の人たちも一緒に読

経をしました。読経中に日本から来られた被爆者の小林康司さんがお焼香をされました。それに引き続き、トリニティー学校の生徒たちが作った千羽鶴が、親鸞聖人像の右腕の手のところに持たせるようにして、献上されました。引き続き、ニューヨーク広島会会長の古本さんが広島市長の平和宣言書を読まれ、ニューヨーク・バッテン会（九州の県人会）会長の山口さんが長崎市長の平和メッセージを読まれました。そして、ニューヨーク日系人会会長の森脇さんからのメッセージがあり、カーレッタさんが平和の詩を朗読されました。ルー・タバキンさんがサックスホーン演奏、ジュリア・クリステラ牧師がお祈りをし、そして七時十五分（日本時間の八月六日の午前八時十五分）になると同時に、私が鐘を鳴らし、集まった人々と一緒に黙想を致しました。それと同時に、キャンドルに火を点し、インターフェイス平和祈念式典の会場であるセント・パウロ&セント・アンドリュー教会に向かって、サイレント・ピース・ウォーク（声を高らかに訴えるのではなく、静かに平和行進）を致しました。

お寺が一〇五丁目にあり、教会は八六丁目にあります。その途中、数ブロック行くと立ち止まっては鐘を鳴らし、二〇ブロックほど歩きました。私とクリステラ牧師が先頭に立って人々を誘導しました。中にはロウソクを持って歩く人たち、原爆のパネルを持って歩く人たち、千羽鶴を持って歩く人たちがいました。

こうして、三十分ほど歩くと教会に着き、午後八時より法要を続けました。仕事の関係などで遅くなった人など、さらに多くの人々が教会に集まりました。四〇〇〜五〇〇人ぐらいに膨れ上がった集会はヒラリオ・ソトさんのフルートの演奏で開会し、続いてスー・バナードさんのダンス・グループによるパフォーマンスがあり、クリステラ牧師と私が歓迎の挨拶をしました。次に、インターフェイ

被爆像の前に集まるニューヨーカーたち

スの代表者、イスラム教からはエイシャ・アルアダウィヤ女史、ユダヤ教からジョセフ・ゲルバーマン・ラビ、キリスト教からクリステラ牧師、仏教からは私が前に立ち、それぞれ、平和の願いを読みました。

今年はスーゼンさんが司会を担当し、ダッグ&マーサ・マーティンさんのベルを使った音楽に引き続き、被爆体験を小林康司さんが語りました。そして、ピーター・ヤローさんが娘のベソニーさんと演奏、ラビがユダヤ教の『旧約聖書』から引用を読みました。バリー&ムーギのピース・ニックさんが子供たちと一緒に演奏を終えると、ガイ・デーヴィスさんの伴奏で会場の皆で、ジョン・レノンの「ギブ・ピース・ア・チャンス」を合唱しながら、平和活動の寄付を集めました。トリニティーの学生（クララさんとマリカさん）が被爆証言を読み、ジャズ・ピアニストの秋吉敏子さんとサックスホーンのルー・タバキンさんが夫婦で演奏されました。実は秋吉さんたちは昨日日本から帰ってきたばかりで参加して下さいました。

その後、私が仏教の経典からの引用を読み、レイ・コロナさんが演奏、そして被爆証言をトリニティーの学生（ユージーンくんとユミカさん）が読みました。

さらに、デービッド・アムラムさんの演奏、牧師がキリスト教の『新約聖書』を朗読し、ピース・ニックさんの演奏、女史がイスラム教の『コーラン』を読み、最後は「イマジン」を参加者全員で歌いました。

リバーサイト教会での平和式典

歌い終わると、私が鐘を鳴らし、皆静かに黙想をして終わりました。予定よりも時間が延びてしまったのは反省の種ですが、それにもかかわらず、「参加してよかった」「素晴らしい集まりだった」とコメントを頂きました。

多くの皆様のご協力に感謝します。こういう大きなイベントは一人の力ではできません。お寺のほうは準備段階からルースさんの協力、教会のほうはクリステラ牧師、バリーさん、スーゼンさんの協力で意味のある式典ができたのです。——ＴＫ拝

Let's Do Something for Peace !
：平和のために何かをしよう

先日は、日本のメディアも結構来ていました。「テレ

ビにインタビューが出ていましたよ」というメールがいくつか入ってきました。前にも言いましたが、原爆については唯一の被爆国として日本人が率先して、二度と広島・長崎のような悲劇を起こさないためにも、核兵器廃絶や平和問題に取り組んでいく責任があると思います。そのためにも「平和憲法」を世界の国々にも取り入れるように働きかけたり、「平和教育」も世界的な視野で展開していけば、日本も本当の世界のリーダーになっていけると思うのです。

米国の機嫌を損ねないように、原爆のことを表に出さないようにしようとするのもわからなくはないですが、言うことは言う、やるべきことはやるという、もう少ししっかりとしたフィロソフィーというか、信念が日本には必要のようです。

お寺で明日まで上映しているドキュメント・フィルム〝GATE〟を見せた後の質問で、「米国人は原爆法要などを見て、批判的に見たりしないのか」と聞かれました。この映画の中でも、日本の車会社に器材を運ぶ車の寄付を頼んだとき、原爆の火を持って歩くプロジェクトに協力すると会社のイメージが悪くなるという理由で断られたと言います。最終的に協力したのは米国の大手バイク会社でした。

私が原爆法要を始めたのは十五年前ですが、そのときも、日系人や日本人からはあまりそんなことはしないほうがいいと言われ、米国人からは「是非やるべきだ、やるなら私も手伝う」と言われたことを思い出します。

誰がいい、悪いという立場で原爆式典をするのではなく、皆に原爆の悲惨さを知ってもらい、平和の大切さを考えてもらう、それが平和行動を生み、核廃絶につながっていくと考えています。その根底には命の尊さを認識していくことがあるのです。「殺すなかれ、殺させるなかれ」です。——TK拝

Enjoying the Blue Sky in California：カルフォルニアの青い空

昨日、サンフランシスコにやってきました。今日からバークレーにある浄土真宗センターで米国の僧侶が集まって会議ならびに研修会をします。

仲間の坊さんに会って話したり、研修をしたりするのは楽しいものです。会議のほうはレポートなどばかりですので、あまり楽しめるものではありませんが、これも必要なことなので仕方ありません。よく感じることですが、同じ米国で僧侶をしていても、西海岸の僧侶たちの興味があることとニューヨークやワシントンDCといった東部の僧侶の関心事は異なり、どうも嚙み合わないことがよくあります。もちろん、広い国ですので環境も違いますので、違って当たり前なのです。それぞれのニードに合わせて教えの説き方も変わっていきます。私自身、日本で僧侶をしていたときと米国へ来てからでは大分変わりましたし、カリフォルニアにいたときと、今ニューヨークにいるときも違います。ちょうど、日本の自動車が米国に来たら、右ハンドルから左ハンドルに変わるように考えたほうが、わかりやすいかもしれません。——TK拝

My Short Vacation：短い休暇

何とも今年のニューヨークは暑い日が続きます。先週は二日ほど短い休暇をとってキャッツキルの

山のほうへ息子と遊びに行ってきました。マンハッタンから自動車で二時間ぐらい北に走ったところです。山の空気は新鮮で気持ちがよいものです。

そこにはハイキング・コースがいくつもあるのですが、できれば快適なコースがいいということで、滝に向かって歩くコースに行くことにしました。思っていたとおり、滝のある場所は暑い日にもかかわらず、木陰になっていて、滝からの細かい霧のような水が降る中、涼しい一時が過ごせました。

ホテル（マイレージを使ってフリーで泊まりました）の近くにはテニス・コートがあり、雨が降りそうな天気だったためか、私たち以外は誰もいませんでした。そこで一汗流し、そのあとはホテルにあるプールで泳ぎました。ここでも私たち以外は誰も使う人たちがなく、プライベートな一時をゆったりと誰に気兼ねすることなく過ごせました。

最近、少々運動不足でしたので、一気に取り返した感じです。休んだ後の今週は、一挙に取り返す感じで、月例会報の作成を終え、9・11の灯籠流しのチラシ、許可、さらには来月の敬老の日の昼食会の案内状の作成などを終えました。

しっかり休むと、結構仕事のほうもしっかり動けるようです。メリハリということを言いますが、大切だと思います。だらだらと続けるよりは、ガラリと変えるほうが物事ははかどるものです。——ＴＫ拝

Labor Day - Buddhist Conference in Toronto：トロントでの仏教コンファレンス

カナダのトロントにやってきています。好天に恵まれ、気持ちのよい週末となりました。セミナーのほうは海野マーク氏とジェフ・ウィルソン氏で、北米における浄土真宗の抱える問題とそれをどのように改善していくかについて講義がありました。専門用語ではなく、一般の人々にもわかるような努力が大切であることを話されました。

これは日本でも同じかもしれません。仏教語が日常になっている場合も多いので仏教語が浸透しているという一面はありますが、同時に仏教と言えば、死ということと関係して考えられることを考えるとどうも誤解も多いと言えます。

実際、仏教書などを読むと、難解なものが多いのも確かです。特に専門用語が多く使われると普通の人には理解できません。私も仏教を学び始めたときは、これは日本語なのかと思うような本もありました。専門用語というものはその分野の人にとっては楽なものですが、そうでない人にとっては難しく、それはそのまま一般の人を除外することにつながるという一面があります。反面、分野内では、専門用語を使うことによって他者と壁を築き、安全空間、一種の仲間意識をつくり出すことにもなるのです。すべての人々を救おうという願いが仏教の慈悲であるならば、専門用語を極力避けるということも大切な努力ということになるのです。お釈迦さまは一般の人々の使っている言葉を用いて教えを説かれたのです。

その意味で、浄土真宗も一般にわかる言葉を使って教えを説くという努力がもっとなされねばならないのです。仏教の深い教えを簡単に表現することは、口で言うほど簡単なことではありません。簡単に言うと安っぽくなってしまうこともあります。ともかくも、このあたりが今回のセミナーと共通するところです。

もっとも大切なことはどのような表現を使うにせよ、それが自分の中で体験などを通して消化され、真実に基づいた言葉であるということだと私は思います。英語であろうと日本語であろうと「生きた言葉」で表現されねばならないのです。

頭に料理のことが浮かびました。同じ素材でもどのように調理するかによって、その素材を活かすことにもなれば、殺すことにもなります。それと同じように、教えもどのように調理するかによるのです。

ところで、今回の大会で9・11の灯籠のためのメッセージを書いてもらうようにしましたところ、四〇人の人たちが書いて下さいました。さて、帰ったらラスト・スパートで灯籠流しに取り組みます。

――TK拝

9・11の章

二〇〇一年のテロ事件以降、ニューヨークを訪れた人々は、必ずといっていいほど、グランド・ゼロを訪れます。この事件はニューヨークを語るときに外せないものとなりました。私も当時もマンハッタンに住んでいましたので、9・11を経験することになりました。私の経験、9・11についての思いを追悼の意味も込めて書いておくことにします。

The Unforgettable Day : September 11, 2001 : 忘れ難き日、二〇〇一年九月十一日

「9・11テロ事件の起こったとき、あなたはどこで何をしていましたか」

この質問は一時、ニューヨークでの挨拶になっていましたが、それも時を隔てると、風化していくものです。私の中でもそれは同じです。何か昔々の物語のようにも感じることがあります。良いことか悪いことかは知りませんが、物事は移り変わっていくのです。仏教的に言えば「諸行無常」なのです。

ニューヨークに住む人の中にも、9・11を体験していない人も多くなってきました。私の中でもだ

んだんと記憶も薄れてきて、過去のものとなりつつあります。だからこそ、この際きっちりと書いておきたいと思うのです。

たまたま私はニューヨークに住んでおり、たまたま、二〇〇一年一月からニューヨーク仏教連盟の会長を務めるようになった年であったため、さまざまなことを経験することになりました。私の人生においても大きな転機にもなった出来事でありましたので、この経験を書き残しておくことは私の大切な責任のように思っています。

9・11に関して当時メディアで報道されていたことと、私がこの目で見、この身で経験したことには大きな隔たりがあったのです。私を含めてニューヨーク市民たちはこんなことをしていたのだ、ということを知ってもらいたいのです。

メディアでは米国人が皆、報復すべきだと考えているというような報道がなされていましたが、少なくとも私の周りにいる多くの米国人たちは最初から戦争反対、武力での報復に反対していたのです。もちろん報復すべきだと考える人がいたのも事実ではありますが、そちらばかりがスポットライトを浴び、戦争反対の声が取り上げられなかったのです。

9・11のあと、ニューヨーク市民の間では、報復すべきだ、という意見と、あくまで報復すべきではなく、平和的解決を選択すべきだ、という意見に真っ二つに分かれていました。

当時、私は数多くのインターフェイス集会に関わりましたが、そのほとんどは今こそ慈悲の実践、非暴力、「恨みをもって恨みを解決できない。恨みを捨ててこそ道は開ける」という平和の実践をすることを訴えてきたのですが、メディアではなぜか戦争賛成派の人ばかりが取り上げられて、毎日のように行われていた平和集会のことを無視しているかのように思えたほどでした。

数千、数万の人が集まった集会においても然りです。米国人がすべて戦争に賛成しているわけでなく、特にニューヨークの市民たちはどちらかというと平和のほうを選択していたと感じるほど、多くの人々は戦争を回避しようと懸命に努力していたのです。このことをニューヨークに当時いなかった人に伝えておきたいと思っています。それに、テロ後のニューヨーク市民たちの助け合いの精神は目を見張るものがありました。

9・11はニューヨーカーにとって大きな傷跡を残しました。私自身、身体の中に大きな穴がポカンと空いたような空虚感を初めて味わいました。特に、アフガニスタン、さらにイラク戦争が始まってからは、今まで大切だと思っていた仏教行事などにもあまり意味を見いだせないような日々が続いたのです。

人によっても異なると思いますが、9・11がさまざまな人々に転機を与えたのは確かです。仕事を辞めた人、転職をした人、ニューヨークから引っ越した人、結婚した人も多く、同時に離婚した人（私もその一人です）も多くいました。肉体的後遺症も

グランド・ゼロ

あれば、精神的後遺症もあり、未だに、グランド・ゼロに近づけない人もいます。

今ニューヨークに住んでいる人でも、五年以上の歳月が流れると、9・11を経験していない人々も多くなってきています。このことは、二〇〇五年でしたか、コロンビア大学で企画された9・11追悼会のときに、ほとんど学生の参加者がなかったことでよくわかりました。二〇〇一年～二〇〇七年はコロンビア大学の仏教チャプレン（宗教アドバイザーのようなもの）をしていましたので、大学の行事にも出席したのです。よく考えてみると、四年で大学生生活が終わるのだから、今の学生は9・11のことを知らない者がほとんどなのです。

当たり前のことかもしれませんが、月日の流れを感じるとともに、何か寂しいものを感じました。そうかと思うと、私が企画し、二〇〇二年の初盆法要から始まったハドソン川でのテロ犠牲者を偲ぶ灯籠流しには毎年一〇〇〇人ほどの人々が集まります。

少々重い感じのトピックですが、しばらくのお付き合いを願えればと思います。実際、世界の中で多くの人の命が失われている近年でありますので、それとも併せてお考え頂ければと思います。私にとって、9・11同時多発テロ事件は「平和」ということを考える中で最も重要な出来事であります。少し詳しいところを書いておきます。

Day 1：September 11：一日目（九月十一日）

同時多発テロの当日のことから始めましょう。

二〇〇一年九月十一日は朝から真っ青な空に雲ひとつなく気持ちがいい日でした。私はいつもと同じように、朝は五時半頃起きて、六時半から朝のお参りをしました。

たまたま、同じ浄土真宗の坊さんで私の友人の、当時オックスナード仏教会の駐在開教使の中川嘉慧先生がお寺に来ていました。朝の勤行を済ませてから、朝食をブロードウェイ通りの近所のレストランに食べに行き、その後、会館三階にある図書館の整理作業を一緒に行いました。

アメリカン・ブディスト・スタディ・センターには多くの日本語で書かれた仏教関係の良い本があるのですが、お寺の改築工事のため、長い間倉庫に入っていたのです。本の汚れをとるのも相当の時間がかかり、その整理をし始めたときでありました。

中川氏は「安心論題」に関する古い書物で今では手に入りにくいめずらしい本を見つけ、それを私がお寺の事務所（隣の建物）でコピーをすることにしました。結構ページ数があり、思ったより時間がかかりそうでした。ただ何もしないのも惜しい気がして、コピーをしている途中から、何となく念仏を称え始めていました。

「南無阿弥陀仏、ナモアミダブ……」と称えながらだと、同じコピーをしていても、神聖な気持ちになるのは不思議なものです。後で考えてみると、この念仏を称えだしたときぐらいが、テロリストに乗っ取られた一機目の飛行機が世界貿易センターに飛び込んだときであったようです。

それにしてもまったく電話も鳴らないし、静かな日だなあと思いつつ、念仏を称えコピーをし続けました。それを終えて、事務所を出ようとしたときに一本の電話が入りました。

この日の最初の電話は世界貿易センター近くのファッション関係の事務所で働いていた白人女性信

徒のイザベルさんからの電話でした。その声はいつもの彼女とは違い、泣きわめくように、「先生、もう終わりだ。とうとう戦争が始まってしまった」と言いました。

私には何のことだかまったくわかっていませんでしたので、「何を言っているかわからないから、私にもわかるように深呼吸をして落ち着いて言ってほしい」と言うと「今、目の前の世界貿易センターに飛行機が突っ込み、両方のビルとも炎上している。ワシントンDCのペンタゴンでも同じことが起こっているというニュースを聞いた。先生どうしよう……」と説明をしてくれました。

それを聞いて電話を切って、私は急いで、スタディ・センターに駆け上がり、テレビをつけてみました。ところが、テレビをつけてもどのチャネルも映らなかったのです。あいにくお寺にはケーブル・テレビが入っていませんでした。

テレビが壊れてしまったのかと思いつつ、やっと一二チャンネルが映っていることを見つけ、事態がどうなっているのかを理解するため、夢中で見入りました。後でわかったことですが、テレビが映らなくなったのは、多くのテレビ局が世界貿易センターに事務所を構えていたため放送不能になったのでした。

そのテレビ画面には世界貿易センターの現場の様子が映し出されました。二機の飛行機が二つのタワーに突っ込んで、貿易センタービルが炎上していました。「これが本当に起こっているのか」、まるで映画のワン・シーンを見るかのように感じました。ワシントンDCが攻撃され、ニューヨークが攻撃され、一体これから何が起ころうとしているのか、まったくわからない状態でした。

「冷静に、冷静に」と自分に言い聞かせながら、何が起こり、また起ころうとしているのか把握しようと試みました。幸い、友人の中川氏も一緒にいたので、非常に心強かったです。こういうとき一人で考えるよりは二人、三人のほうが心強いものだし、そのほうが視野も広くなり、パニックになりにくいものです。

私の住んでいるお寺はマンハッタンのアップタウン西に位置し、コロンビア大学から徒歩十分ほど南に下ったW. 105th Street と Riverside Drive の場所にありますので、同じマンハッタンでも、世界貿易センターがあるダウンタウンとは結構距離があります。一五キロ弱というところでしょうか。ここからは外に出ると南の方角に煙があがっているのが小さく見えるぐらいでした。

お寺の会員の人たちの中には貿易センター内、あるいは貿易センター近くで働いている人もいましたので心配になりました。私には現場付近は地獄絵そのものであろうと想像するしかありませんでした。飛び降りる人たち、灰まみれになって避難する人たち、悲愴な顔でビルの崩壊を見る人たちがテレビに映し出されましたが、その状況を目の前にした経験は想像を絶するものに違いありません。

どれだけ時間が過ぎたのでしょうか、いろいろと話をしているとき、お寺のベルが鳴りました。「こんなときに誰がお寺に来たのだろうか」と思いながら、一階におりていくと、学生らしい米国人が二人入り口のドアのところに立っていました。

この二人はコロンビア大学の学生で、今日の夕方五時からコロンビア大学で、学生の不安な気持ちを和らげ、力を合わせて切り抜けようという意図で宗教を超えてインターフェイスによる集会を行う、ということを知らせにきたのでした。その集会で私に仏教を代表して言葉を述べてほしいということでした。電話が通じなかったので、歩いてやってきたということでした。電話も地域によって通じるところもあれば、通じないところもあったのです。

夕方まで時間があるので、中川氏とも、この場で何を仏教徒として言うべきか、を話し合いました。強いアメリカというようなカーボーイ的なブッシュ大統領のことだから、報復戦争をしてより多くの人が死ぬことになるかもしれない。「憎しみを憎しみで返してはいつまでも憎しみは終わることがない」という『法句経』の言葉は外せないということになりました。

お釈迦さまのこの言葉はそのまま慈悲の実践を意味する言葉でもあります。「怨み、憎しみではなく慈悲をもって対処する」という基本姿勢はどのようなことがあっても仏教である限り言い続けねばならない、という結論に至りました。

そして、四時過ぎにお寺を出て、中川氏と共にコロンビア大学に向かいました。これを企画した学生たちと打ち合わせをして、コロンビア大学内のセント・ポール大聖堂に入ると、五〇〇人ぐらいが入る聖堂は学生たちで満堂になっていました。

そこで、キリスト教、ユダヤ教、仏教、イスラム教の聖職者たちが祈念し、聖句を読みました。私は「憎しみを憎しみで返しては憎しみは消えない。憎しみを忘れてこそ平和がある。今こそ慈悲の心を忘れてはいけない」という内容のことを述べました。少し空気が変わったのを感じながらも、戦争が始まるかもしれないこのようなときに、慈悲の実践、非暴力主義、平和ということを口にすることがいかに勇気がいるかということを感じた瞬間でもありました。

このインターフェイスの集会を終えて退場していき、正面のドアが開かれると、聖堂の外にもあふれんばかりの学生たちが集まっていたのに驚かされました。中の状況は、外でもスピーカーが設置されて聞けるようになっていたそうです。

このとき、宗教者の使命のようなものを感じました。「このような不安な状況にあって真に心の拠り所を与えていくのが宗教であり、仏教でなければならない」と自分の立場の重さを感じずにはおれませんでした。この集会を皮切りにさまざまな場所でインターフェイスによる集会が行われ、それぞれの場所で私は仏教の非暴力主義、平和主義、慈悲の実践を言い続けることになりました。

Day 2：September 12：二日目（九月十二日）

翌日、九月十二日は先日に引き続き、一日中、ラジオやテレビをオンにしたまま、情報に耳を傾けていました。ニューヨークに来ていた友人の中川先生もマンハッタンに閉じ込められた形になってしまい、奥さんがボストンで心配していて、何とかボストンに帰ろうとしていたのでした。そんなとき、アムトラックは運転しているとの情報が入ってきました。

これを逃したら、いつまた閉鎖されるかわからないということで、直ちにペンシルベニア駅へ朝一番で出ていきました。後で聞いたことですが、駅は人で混雑していたものの、何とか切符を手に入れることができたそうです。三時間弱のところが五時間以上もかかったそうです。その間、車内にテロリストが乗り込んでいるという情報が入り、車内は大変だったと言っていました。

先が見えない、この先どうなるかわからないというのは不安なものです。本当を言えば、私たち一人ひとり、次の瞬間どうなるかわからない命を生きているのですが、なかなかそうは思えず、そうなったときに慌てふためくということになるのでしょう。

「外に出てはいけない。仕事も休みなさい。必要がなければ自宅で待機するように」という勧告が出されました。私も日本の実家に電話してみたり、まだマンハッタンに入れない私の家族（子供は当時コネチカット州グリニッジにあるニューヨーク日本人学校に通っていました）と連絡をとり、Eメールでのやり取りをしたりしながら、状況を把握しようとしている間に、この日は過ぎていきました。

この日からでしょうか、ラジオを聞いていると、パール・ハーバー、すなわち、ハワイの真珠湾攻撃のことをよく引き合いに出してくるのが、とても気になりました。

確かに米国が外国から攻撃されたのは日本軍とこのたびのアルカイダの同時多発テロの二回なのですが、こんなときに真珠湾のことを出してくることが、とても不愉快に思いました。こんなときに反日感情をあおるようなことを言う必要があるのか。数日して日系人の団体がそのことを問題にして、その後は真珠湾攻撃のことは言わなくなったようでした。

一つ気になっていたのは九月十三日の朝八時に予定されていた国連総会の成功を祈念してのインターフェイス式典です。毎年、セント・バーソロミュー教会で行われていたのですが、テロ事件があった直後にこの行事があるのか、知りたかったのです。なぜなら、私は仏教を代表して、お経などを読むことになっていたからです。

こんなときだからこそ、この式典は行われるべきだ、ということになり、予定どおり行われることになりました。国連総会は取りやめになったのですが、この祈念式典は執行されたのです。

こんな部分にも米国人、あるいは多くの世界の人たちがいかに宗教的なものを大切にしているかがわかります。米国にいると宗教者とはどうあるべきなのかを考えさせられる機会が多いです。

Day 3：September 13：三日間（九月十三日）

テロがあって二日後、九月十三日の朝七時半頃、ミッドタウンのほうへ行きましたが、あの賑やかなマンハッタンの街が静まり返ってゴーストタウンのようになっていたのには驚かされました。

ここは本当にニューヨークなのかと自分の目を疑いました。冬、大雪になったとき、誰も外出しないことがありますが、それと同じように本当にひっそりとしていました。実際、必要がなければ自宅で待機するように勧告されていたこともその理由です。

まだ何が起こるかわからない、何が起こってもおかしくないときでありました。私自身も何もなければ外出はしなかったでしょうが、この日は国連の近くのセント・バーソロミュー教会でインターフェイス祈念集会があり、そこで私は仏教を代表して読経をすることになっていたのです。

その集会は国連総会の成功を祈念してインターフェイス・センター・オブ・ニューヨークが毎年行っているもので、それには国連コフィン・アナン事務局長も参列されました。静まり返っていたニューヨーク市ではありましたが、どこから来たのかインターフェイス集会には一〇〇〇人近くの人々が集まっていました。

私はオープニングで、阿弥陀仏、釈迦仏、十方諸仏を道場に招来する『三奉請』をあげました。その後、キリスト教、ユダヤ教、イスラム教、仏教、ヒンズー教、神道などの代表者が一分ずつ時間を使い、聖書朗読やお祈りなどが行われました。

惨事を前にして、犠牲者に哀悼の意を表すとともに、市民を勇気づけていくことを念頭に、セレモニーは執行されました。

このとき、スリランカのお坊さんのコンダニア師と韓国のお坊さんの妙智師が来ていたので、セレモニーの後、ニューヨーク仏教連盟で何をしていくべきかを話し合いました。

午後からはニューヨーク・インターフェイス・センターで開かれた、タリバンとは関係のない一般のイスラム教徒への中傷、嫌がらせを防ぐためのプレス・コンファレンスに出席しました。

第二次世界大戦のとき、ただ日本人だということの理由によって、日系人が強制収容所に入れられました。イスラム教であるからという理由で嫌がらせをするのは日系人の強制収容の繰り返しであり不当であるということ、そして、仏教の立場からは、怒り、恨みを超えて慈悲の心を実践せねばならないということを私は述べました。

仏教の立場と言いましたが、私にとって仏教の立場はそのまま浄土真宗の立場です。浄土真宗の教えは「南無阿弥陀仏」に尽きるのですが、この南無阿弥陀仏という「言葉がある」ということを本当に有難く思いました。混乱している場合は、静かに座っていても、心がなかなか落ち着かないものです。

言葉があるということは、そこに還るようにすればいい、ということになります。ナモアミダブという言葉は仏さまが選び取られた言葉です。私が自分で考えるまでもなく、そこに言葉が選ばれているのです。

ナモあるいはナム（南無）とは帰依する、たのみにするということで、安住の場所に身をよせるという感じでしょうか。何にナモするかというと、アミダ（阿弥陀）たる仏さまにナモするのです。アミダとは無量寿・無量光と訳され、量り知れない命（アミターユス）と量り知れない光（アミターバ）という二つの言葉がひとつになっているのです。このアミターユスが慈悲の心を表し、アミターバが智慧の心を表しているのです。

仏はブッダのことで、目覚めた者、真理を悟った者ということです。南無阿弥陀仏は漢字で書いてあるので何となく日本語のような気がしますが、実はサンスクリット語であり、その音を取って、漢字を当てはめた言葉ですので、今であればカタカナを使うことになる言葉です。ナモアミダブです。

詳しいことはさておき、その当時に私に聞こえてきた念仏とは、「周りのものに踊らされるのではなく智慧の目で見ていきなさい（アミターバ）、憎しみ・恨みの心ではなく慈悲の心を忘れてはいけません（アミターユス）、このことに目覚めつつ（ブッダ）、あなたの中心としていけばいいのです（ナモ）」というものでした。

この言葉によって、私の腹は据わった感じになりました。それまでは、これから何が起こるのだろうかと不安な気持ちが先に立っていたのですが、「この先、何が起ころうと智慧と慈悲をもって対処していこう」と思えた途端に、不安な気持ちがふっとんだ感じがしたのを覚えています。

ある意味で、人生に必要な言葉はナモアミダブに尽きるのだ、というのが浄土宗や浄土真宗の心意気ではないかと思うのです。

こうして、同時多発テロ事件より、三日が過ぎたのでした。

＊＊＊＊＊

今は、このブログにしてもそうですが、インターネットが普及して、即時に話ができたり、情報がすぐに入ってくる。Eメールぐらいはしていないと情報から取り残されたようになってしまう時代になりました。

今はワイアレスが当たり前のようになっていますが、9・11事件の当時は、私は電話回線を通してEメールなどをしていました。9・11同時多発テロ事件のときの通信手段としてもっとも活躍したのがEメールとファックスでした。

電話や携帯は地域によっては不通になっていて、私の場合もこちらから電話はできても、外からは電話がかけられなかったようです。なぜ、サンフランシスコにある本部から電話の一本でもかけてこないのかと思ったのですが、聞いてみると電話が通じなかったと言われました。実際、ニューヨークの中でも電話のかかる地域とかからなかった地域がありました。

日本の友人からすぐさまEメールが来ていて、こちらの様子はどうか、と聞いてきていました。こちらはこちらで大変な状況でしたので、すぐ返事ができなかったのですが、その後も励ましの言葉などを頂きました。

本山西本願寺からは九月十三日付けで武野総長、九月十四日付けで御門主様、広島の安芸教区からもお見舞いのファックスが届きました。あまりに忙しく返事もできませんでしたが、とても励みになりました。

特にEメールが大事になったのは、さまざまな場所でオーガナイズされるインターフェイスの集会を伝える手段としてです。

テロの二日後の九月十三日から、インターフェイス集会が始まり、それからは毎日のようにニューヨークのさまざまな場所で集会が行われるようになりました。私もたまたまニューヨーク仏教連盟の会長を務めていましたので、さまざまな集会に参加するようになりましたが、そのほとんどはEメールによるやり取りでした。

Day 4：September 14：四日目（九月十四日）

同時多発テロからはニューヨークでは警察官、消防士、軍隊、FBIなどの人たちを総動員して、生存者の確認と治安の維持にあたるなど、当時のジュリアーニ市長の奮闘ぶりを嬉しく思いました。

ダウンタウンには入れないようになっていましたが、それ以外ではオフィスに働きにいく人も増えていったようです。町の中にはいたるところに武装した軍隊の人がいて、警戒態勢をしいていました。地下鉄でも持ち物検査をしている姿を見かけました。これからこういう状態がしばらく続くことになりました。

ブッシュ大統領は米国国民に対して、この日のお昼時間に教会、寺院に行って祈念をするようにと呼びかけていました。それに応える形で行われたコロンビア大学セント・ポール大聖堂での正午からの祈念式に出席し、仏教を代表し、黙想、読経をしました。九月十一日当日の集会ほどではないにしても多くの生徒、先生方が集まりました。

お寺のほうは、当時、お寺の管理をしていたイズさんに頼み、お昼から一時まで鐘をゆっくり打ち続けてもらいました。お寺のほうにも数十人がやってきたと言っていました。

米国社会では、宗教が人の心を癒し、希望を与え、困難を乗り切る精神的支えになり、それを宗教家が担っているということでしょう。日本は近代化、戦後復興のもと、宗教の持つ役割はどうも儀式的なものになり、形骸化してしまったようにも思われます。本当に人々の心の支えとなるような本来の宗教の力を取り戻さねばならないと思います。

コロンビア大学は近所ですので、すぐにこうして足を運べるのですが、この日に言われたのは、来月にはまた追悼祈念式を行う予定なので、また来てほしいということでした。よく見てみますと、私以外は皆コロンビア大学でキリスト教、ユダヤ教、イスラム教のチャプレンをされてる宗教者たちでした。チャプレンとは宗教アドバイザーのようなもので、米国のほとんどの大学にチャプレンがいるのです。

そこでコロンビア大学のチャプレンを総轄しているデーヴィス牧師と話す機会があり、仏教のカウンセラー（正確には Clergy On Call）として生徒たちと話をしたりしてもらえると助かると言われました。コロンビア大学には、仏教のチャプレンがいなかったのです。臨時でもよければということで承諾しました。

翌週の九月十九日から、早速、毎週水曜日にオフィス・アワーを持つことになりました。仏教徒の学生だけでなく、他宗教の学生、無宗教の学生もやってきて、さまざまな悩みなどを聞くこととなりました。「こんなひどいテロ事件を仏教ではどう考えるのか」「怒りをおさえようと思っても治まらない場合はどうすればいいのか」「瞑想を教えてほしい」「最近、眠れないのだが、どうすれば眠れるようになるのか」等々。

ニューヨーク市民が自分たちの手で自分たちの町を復興させていこうという感じの空気があふれ始めてきたこともあり、私としても何か役に立ちたいと思っていたときに、タイミングよくこのコロンビア大学の話が入ってきました。

こうして、9・11事件から、初めての週末を迎えることとなります。

Day 5：September 15：五日目（九月十五日）

この日は毎月一度、二週目の土曜に開いている英語法座に当たっていました。今もこの土曜法座は続けていますが、このテロ事件の起こったすぐ後に行った土曜法座はいつもの和やかな雰囲気とは違って、緊張感が漂っていました。

「仏教では爆破テロをどう考えるか」ということを中心にした討論になりました。どのように対応すべきなのか、何を自分は為すべきか。難しい問題でありますが、同時に、今、身に差し迫った問題であるのです。「このことはまた今度にしましょう」というわけにはいきません。

普段ならば、この後、お茶の休憩を挟み、お経の講義クラスがありますが、この日は討論の続きをすることにしました。講義は『法句経』の言葉、そして聖徳太子の十七条憲法の十条目に及ぶことになりました。

次の瞬間には何が起こるかわからないときは、問題を自分に引き寄せ、真剣に考えるようになるのです。仏教は「今、ここに生きているこの私」を問題にするといいますが、まさにこの日は、それを問題にしていました。

ところで、同時多発テロからこの日まで、お寺の門徒さん（メンバー）と顔を合わせて話すことはなかったので、私としては内心、何となく嬉しく感じた一時でもありました。

Day 6：September 16：六日目（九月十六日）

同時多発テロから初めてのサンデイ・サービス（日曜法座）を迎えることとなりました。毎週日曜日、午前十一時三十分から一時間ほどお参りがあり、毎週五〇人前後の人が集まるのですが、お寺のメインの活動と言ってもいいでしょう。

最初、今からどうなるかもわからない大変なときに、お寺でお参りをノン気にやっている場合ではないという考えが私の頭を過りました。それと同時に、こんなときだからお寺を開ける必要があるのだ、と考え直したのでした。

驚いたことに、お寺のお参りには本堂に入りきれないほどの人がやってきました。後で聞いた話では、入りきれないので帰った人もいたということでした。どこの教会でもテロの後は多くの人たちが詰め寄せたと聞いています。

9・11テロ犠牲者追悼初七日法要として法要を行いました。参詣者の一人ひとりの真剣な眼差しを感じながら、仏教における「慈悲の実践」ということを中心に法話をしました。

多くのお寺の会員の方が元気な姿を見せてくれたことも印象に残っています。先週会ったばかりの人も多いのに、何となく長い間会っていなかったような感じがしました。

お寺から北にリバーサイド・ドライブを十五分ほど歩くとリバーサイド教会というノン・デノミネーション（特定の宗教・宗派に限らない）の教会があります。そこで開かれるインターフェイスによる「アメリカ・イン・ヒーリング」という平和祈念集会に出席するため、午後から私はリバーサイド教会に向かいました。

この集まりは全米ネットのPBSが生中継で放送するということでしたので、先にリハーサルが行われました。時間が決まっているので、その枠におさめるよう指示が出ていました。

午後四時に始まったプログラムには、キリスト教からはリバーサイド教会のジェームズ・フォーブ牧師、イスラム教からイマン・タリブ師、ユダヤ教からラバイ・ブロンステイン師、そして仏教からは私がそれぞれキャンドルに火を点しながら、祈念を行い、それぞれの宗教の立場からメッセージを伝えました。

9・11の後、ニューヨークのいろいろな場所で、キャンドルが点され、亡くなられた人を偲び、敬意を表しました。それは同時に希望の光であり、癒しの光を象徴していたといえましょう。

二五〇〇人の観衆でいっぱいになっているリバーサイド教会で、アーティストと聖職者が一緒に、

9・11テロ事件の犠牲者を偲び、それを乗り越え、平和の道を歩んでいこうという、私が出席したインターフェイスによる祈念行事の中でも、最も平和的で、感動的な、心を癒してくれるような式典でありました。

私は人前で何十年と話をしていますので、緊張してあがったりすることは、あまりなかったのですが、このときだけはさすがに、少々足が震えているのを感じました。実は、本番前に、少し原稿を書き直し、肝心の引用文が途中でなくなっていることに話している途中で気がつきました。何とか切り抜けましたが、冷や汗をかきました。

私の話の内容は、命を落とした人へ哀悼の意を表した後、仏教は常に非暴力、慈悲の実践を説いてきたことを語り、お釈迦さまの言葉「恨みをもって恨みを解決できない。恨みを捨ててこそ道は開ける」『法句経』を引用しました。そして、最後に、鐘を鳴らし、黙想とともに念仏、回向句を称えました。

マンディ・パティキン、スーザン・グラハム、リリアス・ホワイトらの歌声が教会に響き、ジョシュア・ベルによるバイオリンソロ演奏、アルヴィン・ダンス・カンパニーのマッヒュー・ラッシングによるダンスなどが、インターフェイスの祈念・メッセージと交互に行われました。

お寺主催のインターフェイスによる原爆法要「平和の集い」や9・11追悼の灯籠流しを行っていますが、その中でもいつも宗教者とアーティストが一緒に式典をするのです。実は、このときのリバーサイド教会での感動がそのもとになっています。

Recovery Mood：Week 2：復興ムード（二週目）

9・11同時多発テロが起こった後は、警察、FBI、軍隊の人たちがニューヨーク市内のいたるところで警備にあたるようになり、テロから二週目に入ると、これ以上のテロは起こらないという空気が漂うようになりました。仕事に戻り、平常のように働くように市長もテレビ・ラジオなどを通して呼びかけていました。

ニューヨークの人々の間では、自分たちの住むニューヨークを立て直していこうとお互い励ましながら、復興に向けて動き出していました。一人ひとりが自分のできることをやっていく、声をかけ合い、手を取り合い、不安な要素がある中で、このコミュニティのために何かしていこうという前向きな行動を心強く思いました。

日常生活においても、人々がお互いに声をかけ合う姿をよく目にしました。以前のニューヨークはそれほど人にかまわないのが普通でしたが、ニューヨーク市民全体がお互いに協力してこの惨事を乗り切っていこうという気運が高まっていました。私自身は多くのインターフェイス集会で出遇う人々や近所に住む人たちを通して、いつの間にかその中の一員になっていることを実感しました。

私が実際に、グランド・ゼロに入ったのは三週間目のことでした。一般の人たちは入ることが許されていなかったので、誰でもすぐ行ける場所ではなく、隔離されていたのです。

私の場合、ニューヨーク仏教連盟から何人か、グランド・ゼロで宗教カウンセラー（チャプレン）

セント・ポール教会の回り（2002年）

としてボランティアをしようということで、レッドクロス（赤十字）を通して、週に数日ボランティアをすることになったのです。

犠牲者の家族、消防隊の人々、警察の人々、ワーカーの人たち、ボランティアの人たちの話を聞いたり、元気づけたりするのです。ただ仏教徒だけということではなく、宗教は関係なく話を聞きます。もちろんプライバシーは厳守、当時はメディア関係の人たちに中の状況を聞かれたとしても、答えてはいけないと注意されていました。

ボランティアをする中で、お互いに手を取り合いながら頑張っている人たちがいるんだということに励まされ、そして自分も何か貢献できることがあることを嬉しく思いました。私自身、それまでは日本から米国に来て住んでいる日本人という意識であり、決して米国人社会の一員という感じはありませんでした。そんな私の中で、ニューヨーク市民の一員という意識が生まれてきました。このとき、私は本当にニューヨークの地に足がついたと感じたのです。名実ともにニューヨーカーになったのでした。

ときが経つにつれて、このような助け合いの精神は薄れてしまい、最近ではもとのニューヨークに戻ってしまったようです。私の中では何かニューヨーカーとしてやりたいという面が残っています。

私だけでなく、9・11テロ事件を経験した人々は同じ心を持っていると思っています。のちほどお話ししますが、毎年九月十一日に主催しているWTC追悼の灯籠流しも私の中ではニューヨーク市民の一員として行っている行事なのです。

Ground Zero Chaplain：グランド・ゼロでの活動

テロ事件以降、三週間目に入って初めてグランド・ゼロを訪れたときは、ショックを受けるとともに異常な雰囲気を感じました。まず目に入ったのは三週間目に入っても、もくもくと立ち上る煙です。まるで地底火山が燃え続けているようでした。広い範囲にわたり、ビルが崩れ瓦礫の山となっており、痛々しく感じました。多くの警官、軍隊が配置され、土木作業員が働き、シャベルカーやトラクターなどが動き続けていました。ここで多くの人が亡くなっていったことを思いつつ、心の中でお経をあげていました。

実は、声を出そうとするのですが、声が出なかったのです。空気中に目に見えないような灰や埃が舞っていたためかもしれません。亡くなっていった人の声が聞こえてくるような気がして、私の身体を寒気が走ったのを覚えています。二度ほど、夜から朝にかけて、グランド・ゼロで働く人が休憩できる客船の中で、ボランティアをしたことがありました。そのときに船の甲板から見たグランド・ゼロは煙が紫に光り、まるで火葬をしている煙を見ているかのような錯覚を起こしました。私は思わず手を合わせていました。

チャプレンのボランティアはファミリーセンター、マリオット・ホテル、遺体収容場所などで遺族や警察、ワーカーたちの話を聞くことが仕事なのですが、とても神経を遣うものでした。ファミリーセンターから遺族だけがグランド・ゼロを訪れることができるようになり、私もその人たちと一緒に船で現場に向かいました。遺族は花やテディ・ベア（熊のぬいぐるみ）などを持ち、お供えをして帰ってくるのですが、その現場の破壊状況もさることながら、遺族たちの悲しみ、心の傷跡も深いものを感じました。

将来のある多くの若者の命が失われただけに、何かやり切れないものがありました。「どうして！」という言葉が重みをもってのしかかってきました。沈黙の時間が非常に長く感じました。こんなときに自分の無力さを知るとともに、船に一緒に乗っていた犬たちがかえって遺族の人たちの心を癒してくれることもわかりました。こういうとき、人間の言葉は役に立たなくなるものです。何を言っても虚しい言葉でしかないのです。この心の傷はすぐに癒えるものではありません。多くのニューヨーカーが今でも心のどこかでこのような傷を抱えながら生きていることを感じることがよくあります。

ピア五九をファミリーセンターとして、医療関係、保険関係、住宅関係などいろいろなサービスを提供していました。私がボランティアをしていた頃は、遺族、被災者、居住者で混雑していました。中には何度も来て疲れぎみの人、帰る場所を失った不安で混乱している人、ファミリーセンターから遺族のためにグランド・ゼロへのフェリーが出ており、そのためにここを訪れている人などがいました。

消防隊の人、警察の人、皆に食事を作るボランティアの人たちの話を聞くと、ただ仕事でやっているというだけでなく、自分から被災者のために何か役に立ちたいということで来ているということが伝わってきました。ニューヨークの地元の人はもちろんのこと、ボストンやオクラホマ、カリフォルニアから来ているボランティアの人に会いました。

彼らの中には自分の仕事を辞めて、こちらに来ているという人もいました。困っているときは一緒に乗り切っていこうという姿勢、行動力に感動しました。こういう米国人たちに交じって私がここでボランティアをしていることを嬉しく思いました。心が洗われるように感じましたし、皆がまるで菩薩さまのように輝いて見えました。浄土真宗的に言えば、還相の菩薩ということになりましょうか。

Changing Nature：すべて移り変わる

外から見ると自分とは関係のない外国のある場所で起きたテロ事件、という感じでどうしても客観的にしか見られないかもしれませんが、私の場合は本当に身近な場所で起こったテロ事件だけに他人のことのようには見られません。どうしても主観的、感情的な部分が多々でてきます。

ニューヨークに来て、最初の一、二年は結構いろいろな観光地を訪れましたが、その後はあまり行かないようになりました。ただし、ツインタワーと呼ばれ親しまれていた世界貿易センターは別でした。同時多発テロで破壊されるまではよく行ったものです。

ニューヨークですので、日本からもお客さんが来られます。そのたびに私が連れていく場所は世界貿易センターだったのです。ツインタワーの最上階の展望台から見る夜景は最高で、日本からのお客さんには特に喜ばれました。このビルは日系米国人の建築家ミノル・ヤマサキさんの設計で造られたものですので、ニューヨークの象徴というだけでなく、日系人にとっても誇り高きビルでありました。

その他にもツインタワーにお客さんを連れていった理由があります。お寺から一本の電車で行けること、夜七時ぐらいになると観光客もいなくなり、長蛇の列を待つ必要がないこと、ここからの夜景は私も好きで、何度行っても飽きないということ。さらにお客さんを連れていく場合、以前に使った半券を持って、ニューヨークに住んでいることを証明できる自動車免許証を見せると、私は無料になったということです。

私がお客さんを連れていくときは、太陽が沈みかけるあたりから展望台に登り、西に沈む太陽をあの高いビルの上から見るのです。今でもその光景は目に浮かびます。

ほとんどツインタワーのレストランには行ったことはなかったのですが、私の両親が二〇〇〇年ミレニアムを迎える年末から年始にかけてニューヨークに遊びにきたときに、両親を連れていきました。一月二日は私の母親の誕生日だったのです。

そのビルが今は無くなってしまったのだなと思うと、寂しい感じがします。私にとっては思い出の多く深き場所でありました。

それにしても、今までは平常に動いていたものが、突然に崩れ去っていく。仏教で諸行無常と説くのですが、言葉や概念でわかっていることと、実際に肌で感じることは違うのです。まさにこのテロ事件は無常の世界を私に実感させました。

世界貿易センター跡に立ち上る煙を見つめていると、いろいろな思い出が頭に浮かんできました。

私がボランティアをした場所はピア五九に仮設されたファミリーセンターだけではありませんでした。赤十字のほうから指定されたいろいろな場所に行くようになっていたのです。そのため何度かは、グランド・ゼロから遺体あるいはその一部が見つけられると届けられ、DNA鑑定等を行う遺体収容所でもチャプレンとしてボランティアをしました。主に消防士、警察官が集う場所でした。もちろん一般の人は足を踏み入れることはできません。

ここで、どうも納得できない光景に出会いました。一般の市民の遺体の一部が見つかったときは、別に変わった様子もなく自分の仕事をこなしているのですが、いったん届けられる遺体が消防士の一部であるとわかると、仕事を止めて列を組んで待ち、護送車に対して敬礼をするのです。

死んでからも敬礼に値する死と値しない死があるとでもいうのか、という思いで、とても不愉快でした。このことに関しては私も報告をしておきました。実際に見たわけではないので確かではありませんが、のちには消防士であろうと市民であろうと同じように敬礼をするようになったと聞きましたので、もしかしたら私の報告を聞いてくれたのかもしれません。

命に差別があってはならないのです。少なくとも仏教的に言えば、すべての命は尊いのです。「一切衆生、悉具仏性」です。仏教の智慧、慈悲はまさにこのかけがえのない命に目覚めた世界であり、すべての命が尊く、そのような命を頂いている一切の衆生を救おうと誓われたのが仏・菩薩なのです。

慈悲、慈愛と言葉で言うことは結構簡単ですが、このことを実践することは非常に難しいのです。

味方も敵も、親しい人も憎い者も、善良な人も罪悪人も、被害者も加害者も、消防士もテロリストも、同じように尊いということになるのですから大変なことです。このあたりは、キリスト教やイスラム教と仏教では見方が変わってきます。正しいものは神の側にあり、他は悪魔に仕える側というように二つに分けて考える西洋の考え方では、味方の命は大切だが、敵の命は大切でないし、善人の命は大切だが、悪人の命は大切ではないなどということになるのでしょう。そこに聖なる戦いが可能となっていくのです。

そこには大切な命とそうでない命があるということになります。仏教的に言えば、私にとって私の命が最も大切であるように、他の人にもその人自身の命ほど大切なものはないのです。相手の身になって考えることができれば、すべての人々の命は大切なものであることがわかるのです。自分の好き嫌いで他の命を判断することは命への冒瀆ともいえるのではないかと思います。

社会では役に立つ、役に立たない、頭がいい、頭が悪い、能力がある、能力がないということで人を分けていきますが、これを命の尊さということに持ってきては命は見えないのです。有用性と言いますか、道具を見るような目で見るなら、そこに見ているものは欠けても替えが利くものです。かけがえのある命になってしまいます。

人間は自分の都合によって、ものを見ていくのですね。それを我あるいは我執と言い、迷いの中心だと見ます。役に立つ、立たないの判断は誰がするのでしょうね。考えてみれば自分勝手なものです。

そこにはかけがえのない命は見えません。無我の世界に立って、初めてかけがえのない命の領域を見られるのでしょう。どんな人であったとしても、あなたが生きていることは尊いことなのですよ、と言える平等の世界が今日必要だと思います。

仏教のお坊さんの間でよく、合掌をして挨拶をしますが、社会の皆がお互い合掌しあって生きていければ素晴らしいのになあと思います。会う人会う人に心の中だけでも合掌してみてはいかがでしょう。少しは見方が変わると思います。嫌な人も菩薩に見えてくるかもしれません……。

A Wave after 9-11：9・11の波

以前、波の話をしましたが、9・11同時多発テロでも波がありました。テロが起こって三日ぐらいはショックと何が起こるかわからないという不安な中に時を過ごしました。状況がよくわからないときでありました。また次の爆破があるかもしれない、もっとこれから攻撃がエスカレートしていくのかもしれない、など不安な要素は多々ありました。

そして、一週間が経つとどうもこれ以上の攻撃はないようだということになり、不安が少し和らぎました。実際、私の中でも外に出てもあまり危なくないという感じがありました。ニューヨーク市内はどこへ行っても警察と軍隊がありとあらゆるところに配備されていて、戒厳令下にあるということを感じさせられました。怖い感じもありますが、同時に警備態勢は万全ということでもあります。

宗教関係では精神的な支えになるような活動がさまざまな公共の場や教会で行われるようになりました。同時多発テロ以降、特に最初の数カ月間は、教会などに多くの人が参詣するようになったのです。お寺も例外ではありませんでした。毎週日曜日に多くの人がお参りされるようになり、本堂はいつもいっぱいでした。空気は張りつめている感じで、真剣に精神的な拠り所を求めていることを肌で感じました。

私自身は九月十九日からコロンビア大学で毎週水曜日に仏教チャプレンという形で、必要に応じてカウンセリングなどを行うようになりました。仏教徒だけではなく、無宗教の人や、他の宗教の人も話をしにやってきました。なるべく話を聞くほうに徹しましたが、仏教ではどう考えるかなどを話したこともありました。多かったのは「怒りをどうすればいいか」「不安な気持ちをどうすればいいか」ということでした。

九月二十日は私のお寺のあるウエスト・サイドにある教会やお寺が集まり、ホリー・ネーム教会でインターフェイスによる祈念式が行われました。キリスト教、ユダヤ教、イスラム教、仏教など宗派を超えて、平和の願いを込めた集まりでした。私も仏教を代表し読経ならびに経典の言葉を引用しました。一〇〇〇人ぐらいの人が集まりました。痛みを分かち合い、共に大変な時期を乗り切っていこうという気持ちが式典を通して伝わってきました。

九月二十二日はニューヨーク仏教連盟主催の追悼法要をニューヨーク本願寺で開きました。南方仏教、大乗仏教の仏教徒らが本堂いっぱいに集いました。読経、法話、献曲、キャンドル・サービスを行いました。同じ仏教徒が励まし合い、ニューヨークのために貢献していこうという気運も起こり、のちにユニオン・スクェアで行った仏教の四十九日法要へとつながっていきました。

ニューヨークのいろいろな場所でこうしたインターフェイスの祈念式が行われました。私が参加した式典においては、報復しなければならないというような声はほとんど聞いたことがありませんでした。

この時期に仏教徒にとっては大きな出来事がありました。9・11テロから二度目の日曜日の九月二十三日にヤンキー・スタジアムで行われたテロ犠牲者追悼式典「アメリカの祈り」でのことです。その一週間前に行われたワシントンDCでの公式な追悼行事でもそうでした。いろいろな宗教者が祈念を行ったのですが、まさかとは思いましたが、ニューヨークでも仏教からの祈念がありませんでした。確かに仏教は少数ではありますが、仏教徒が無視されたことは残念というより他ありません。

平和を主張する仏教をわざと外したのかどうかわかりませんが、ニューヨーク仏教連盟からもジュリアーニ市長に手紙を書きました。オバマ大統領の就任演説でも仏教が抜け落ちていましたが、米国では、特に官僚、政治家といった人にはまだまだ仏教が認識されていないのだということを感じます。

ブルンバーグ市長になってからは、さまざまなニューヨークのイベントに仏教徒を入れるようになっています。もう二年前になりますが（二〇〇七年）、ニューヨークで活動しているいろいろな仏教の指導者たちがブルンバーグ市長と共に市長公邸で朝食会を開いたこともありました。そのときはたまたまニューヨークを訪れていたダライ・ラマ法王も出席されました。

仏教ではあまり宣伝などせずに、静かに行うことが徳とされてきましたが、この国にいる限りはそればかりでは通用しないようです。もう少し主張をすることは米国に住む仏教徒にとっての大きな課題とも言えましょう。

二週間目ぐらいからは、復興に向けて動きが活発になっていきました。助け合いの精神がいたるところで見られるようになりました。自分のことで手一杯であったのが、もう少し他の人のことを考える余裕が出てきたということでありましょう。私がグランド・ゼロのほうでボランティアをし始めたのは九月二十八日ですので、やはりこの頃からです。

Give Peace A Chance！：平和運動「ギブ・ピース・ア・チャンス」

9・11テロから三週間目に入ると平和運動、反戦運動がニューヨークやワシントンでも起こるようになっていきました。お寺ではそうでもありませんでしたが、キリスト教会などでは報復賛成派と報復反対派に真っ二つに分かれるようになったと聞くようになったのもこの頃からです。

十月七日にユニオン・スクェア・パークで行われた平和集会は大きな規模でした。インターフェイス祈念式で始まったその集会では、私は仏教を代表して、恨みをもって恨みで返さない、慈悲をもって対処していくことの立場を話し、回向句を読みました。キリスト教の牧師やユダヤ教のラビは神の愛を語りお祈りを捧げました。祈念の後、タイムズ・スクェアまで平和行進があり、聖職者が先頭に立ち歩いていきました。三〇ブロックほどの距離になりますが、その平和行進には一万人以上の市民が参加しました。この日はアフガニスタンへの侵攻が始まった日でもあり、報復戦争の始まりの日となりました。

こうしてさまざまな平和集会などに参加しましたが、テレビや新聞といったメディアには、ほとんど平和運動、反戦運動のほうは取り上げられませんでした。まるで戦時中に政府がメディアを制限していたように、この自由な社会のはずの米国が軍国主義の政府に乗っ取られた感じでした。

平和運動に関しては、イラク侵攻が行われるまで、国連の周りやミッドタウンでも大がかりなデモ行進があったり、学生たちがキャンパスで行うこともありました。9・11犠牲者の遺族たちの中にも、「犠牲者の名を理由に戦争をしないでほしい」と訴え続けるグループなどもあったのです。何とかして戦争が大きくなることを避けようと精一杯の努力をしたものでした。

9・11同時多発テロについて、なぜ力を入れて書くようにしているかという理由は、メディアによって当時伝えられていたことは実際に起こっていたことをそのまま伝えていなかったと思うからです。まるで米国人のほとんどが戦争に賛成していたような印象を与えていたと思うのです。

少なくともテロで犠牲をだしたニューヨークでは平和運動がいたるところで行われていたのです。米国人、特にニューヨーク市民のためにも、私の周囲で一生懸命に平和のために活動していた人たちのためにも、このことだけは言っておきたかったのです。

私も頭がさがるほどに純粋な心で平和のために活動していた米国人が多くいました。犠牲者の遺族で構成されたピースフル・トゥモローズの人たちは広島や長崎とも交流を持ち、ニューヨークでも非暴力で、大きな声を張り上げて反対するのではなく、平和的にデモを行っていました。

米国人の行動力にはいつも感心します。自分が正しいと思ったことは周囲のことなど気にせずに行っていく。「自分がしなくても誰かがするだろう」と考える日本人とは違います。このあたりの行動力はもっと見習わねばならないと思います。周りがやっているからやるのではなく、やらねばならないからやる、それも自分から率先して行動していく。できますかねぇ。

49th Day Memorial Service：四十九日法要

当時のニューヨーク仏教連盟会長をしていた私としては最も力を入れ大事にした追悼行事が、七週間目にユニオン・スクェアで実現しました。九月十一日のテロから四十九日目にあたる十月二十九日に世界の仏教徒共通の四十九日法要（満中陰）をニューヨーク仏教連盟が主催したのです。ニューヨークの仏教徒たちが集まって追悼できる機会をもうけたのです。

キリスト教、ユダヤ教やイスラム教による追悼式典は催されていましたが、仏教として大きく追悼式を行うのはこの「ＷＴＣ犠牲者追悼四十九日法要」が初めてでした。ニューヨークの仏教徒にとっては大切な意味を持っている行事でした。五〇〇人近くの人々が集まり、私にとっても今までのインターフェイスのように呼ばれて参加するのではなく、こちらが主体となって行ったものでしたので、気持ちの上でも納得できるものとなりました。

具体的なプログラムを書いておきたいと思います。

メインの追悼式は午後六時からでしたが、それに先立ち、午後五時からさまざまな国の仏教徒が読経をする時間を作りました。

読経の際の司会はディミトリィ・バクロウシン氏でニューヨーク仏教連盟の創立当初からの理事でまとめ役をされた人です。

読経は南方仏教（小乗）、大乗仏教、金剛乗仏教、米国仏教の順で、各国五分ほどしてもらいました。

最初は南方仏教のバングラディッシュ・ミャンマー・スリランカ僧が一緒に、それに続き、カンボジア・ラオス・タイ僧が読経。大乗仏教はベトナム僧、中国僧、韓国僧、日本僧がそれぞれに読経をし、金剛乗のチベット僧、そして米国僧が順にお経を称えました。

ナムギャル・コーコ氏とシャーブ・サンポー氏によるチベット・ホーンで追悼式典は始まりました。ここでの司会はチベット仏教シャンバラ・センターのジュディス・リーフ師が行いました。黙想を韓国仏教の明慈スニム尼僧がリードした後、如月セルディ氏とビル・アトウッド氏が尺八演奏を行いました。

『三帰依』を南方仏教僧たちが前仏教連盟会長のクロネゴダ・ピヤティッサ師と共に称え、大乗仏教僧たちと金剛乗僧たちが一緒に英語訳の般若心経を読みました。集まった人々も一緒に読みました。その後は、各仏教宗派の代表者が順番にマントラを三回ずつ称えました。ナモアミダブ、ナムミョウホウレンゲキョウ、ナモダイボサ、オムマニペメフなどが称えられました。

そして、小乗経典、大乗経典、チベット経典から仏語が読まれました。メッセージはインターフェイス・コミュニティを代表してリバーサイド教会の主任牧師のジェームズ・フォーブ牧師、そしてその当時のニューヨーク仏教連盟会長でありました私が行いました。

最後の回向文はチベット仏教のラマ・ペマ師が行い、それに引き続き、私がお寺から持ってきた大きな鐘を百八回鳴らし、提灯に火を点し、公園が提灯の光で埋まっていきました。

追悼法要を勤めながら、これ以上の犠牲者を出してはいけない、仏教徒も共に声をそろえて平和に向けて働きかけねばならないと強く感じた日でありました。

Warm Heart：あたたかい心遣い

同時多発テロから二週間後ぐらいになると復興に向けての活動が活発になり始めたことに触れましたが、その頃ぐらいから、全米の各地から、そして海外からも多くの援助が活発化してきたように感じました。ニューヨーク市への物資の援助、義援金もどんどん集まってきていました。

グランド・ゼロのすぐ近くのセント・ポール教会の周囲の囲いには多くの励ましのメッセージや行方不明になっている人の写真、花、ぬいぐるみの人形、千羽鶴などがところ狭しと置かれるようになっていきました。人々の温かい心を感じずにはおれませんでした。

お寺にも千羽鶴や励ましの手紙が届きました。私の属している西本願寺からは、御門主さまからのお見舞いのお手紙、さらには日本で報道されている新聞記事、評論家の意見なども何度か送って頂きました。ただの業務としてではなく、本当に心配して下さっていることを感じました。またコロラドの仏教徒たちからは折り鶴で虹を作った額がお寺に贈られてきました。

「お蔭さまで」という言葉がありますが、まさに目に見えない多くのものに支えられているということを実感しました。直射日光のあたる暑い夏に、木の陰でくつろげる場所を恵まれた状態を表す言葉です。

大変な状況であっても、人々の心遣い、行動、そして仏・菩薩の導きなどのお蔭で困難を乗り越えていけたのだと思っています。このように苦しい中にも喜びがありました。

Two Months Later：二カ月後

二カ月ほどすると、政府のアメリカ連邦緊急事態管理庁の人たちが介入して、赤十字などのボランティアはもう必要ないという感じになっていきました。皆が協力しているところに官僚的な人たちが入り、それまでの一体になって頑張ろうという意識に水を差したようになりました。私もそれ以降、ボランティアには行かずにお寺のほうや平和運動のほうに力を入れるようになりました。

どこでも官僚というのはこのようなものです。機械的にものをこなし、決められたことしかしない。温かみがないというか、人間味がないというか、どうも私は好きになれません。上から下を見るように見下すという感じが特に嫌いです。「何様のつもりや」という感じです。人のことはあまり言えないかもしれませんが……。

十一月も末になりサンクスギビングを迎える頃には私はチャプレンのボランティアにほとんど行くこともなくなり、その代わりに私はもっとお寺としてできることや平和運動に力を入れるようになりました。

December 11：Three Months Later：十二月十一日（三カ月後）

同時多発テロ事件からちょうど三カ月が経った十二月十一日、浄土真宗本願寺派を代表して、当時、米国仏教団総長であった渡辺博文師が来られました。そして、私と共に義援金をニューヨーク市に手渡しに行きました。

義援金贈呈の前にまず、グランド・ゼロの貿易センター跡に行き、読経を致しました。もちろん、一般の人々はグランド・ゼロには入れないときでありましたので、ニューヨーク市の許可により、警察のエスコートを与えられ、パトカーに乗ってグランド・ゼロに到着致しました。高台の上からまだ煙があがっているグランド・ゼロを見渡せるようになっており、亡くなった人々の国名が記されている石碑のようなものが新たに造られていました。その石碑の前に日本の児童より贈られた千羽鶴をお供えし、日本人を含めた多くの犠牲者を追悼し、お経をあげたのでした。ここで読経すると、いつもお経の声が出にくくなるのです。目に見えない塵や埃が空気中に残っているため、すぐに咳が出そうになりました。

読経をした後、総長と私は再びニューヨーク・シティホールに戻り、議会に出席しました。日本の浄土真宗の信者から届いた十万ドルと米国の浄土真宗の信者たちから集まった十万ドルの合計総額二十万ドルの義援金小切手と平和の願いを込めてつくられた千羽鶴をニューヨーク市議会議長のピーター・ヴァローン氏へ直接手渡しました。義援金はツインタワー・ファンドに寄付されました。仏教徒からの温かい支援に対して、全議員から拍手喝采が起きたことに、驚かされるとともに、議会の席で正式な形で寄付ができたことを嬉しく思いました。この贈呈はお寺の弁護士である村瀬二郎さんのはからいで可能になりました。

Hundred Days Memorial：百カ日法要

ニューヨークに住む日本人のためにも何かしたいということから、「日米合同追悼メモリアル――百カ日法要／復活への希望」をジャパン・ソサイエティ（日米協会）で行うことにしました。二〇〇一年十二月十八日午後七時から、日本人を対象に日本の宗教界主催という形で執行しました。

日本人の犠牲者もいましたが、あまりお葬式をすることはありませんでした。私自身が頼まれたのは三回でした。そのうちの一つは私の長男のクラスメートのお父さんでしたので、身につまされるものがありました。

少し生々しくなりますが、犠牲者は多かったのですが、遺体、あるいは遺体の一部が見つかったのは限られていました。遺体、あるいはその一部が発見されて初めて亡くなったんだということを実感するのだと思います。数カ月も燃え続けていたグランド・ゼロでは、溶けてしまったのか、遺体が出てこない場合もたくさんあったのです。

ジャパン・ソサイエティでの法要では、多くの日本人が協力をし合って一つのことを行えたことが私には一番嬉しいことでした。ニューヨーカーたちがあれほど一丸となって励まし合い、頑張っているのに、日本人はどうしたのだと思っていただけに嬉しいことでした。

ジャパン・ソサイエティの高野さん、日系人会の野田さん、日本クラブの狩野さん、法律事務所の村瀬さん、また宗教のほうでは、キリスト教の景山さん、ブラウンネル牧師、神塚牧師、禅宗の嶋野老師、日蓮宗の井上師などの協力により百カ日法要は実現できたのでした。当日には日米協会会長のクラーク氏、日本総領事館の河村大使、日系人会の楠本会長さんからも挨拶を頂き、お琴の石樽さんも演奏して下さいました。

宗派を超えて日系による初めての追悼法要となりました。やはり日本人同士も手を取り合いながら、協力していくことは大切です。こうして二〇〇一年最後の大きな行事は終わりました。こうして年末を迎えることになったのです。

九月十一日に起こった同時多発テロからの三カ月間は本当に多くのことがあり、時が止まったようでした。まだ三カ月しか経っていないのに、もう三年ぐらいは経ったような感じがしました。普通忙しいと時が経つのが速くなると言いますが、あまりに忙しすぎると時は止まったようにゆーっくりと流れるのだということを知りました。

Causes and Conditions：因縁

9・11同時多発テロ以降、よく耳にした問いかけがあります。「なぜ、テロに自分の子供が巻き込まれて命を失わねばならなかったのか」「神はなぜ自分の大切な人の命を奪ったのか」「米国が何をしたというのか」「アルカイダはなぜこんなにひどいことができるのか」ということを多くの人たちの口から聞きました。

世界貿易センターでは将来有望な若者たちも多く働いていました。遺族にとってはあまりにもショッキングな出来事だったということをこれらの言葉は物語っています。こういうコメントを聞いたとき「つらいことだろうな」と思うと同時に米国人は日本人とは違う捉え方をするものだとも感じました。

私の心の中では、ブッシュ政権に替わって以来、友好的で開放的なクリントン政権の米国から、カーボーイ時代の閉鎖的で慢心な米国になっていったのだから、こういうことになっても仕方ないではないかと思いました。ある意味で自分がその種を蒔いたのだろうと思ったのです。

この発想は多くの米国人にはありません。やはり、日本人には仏教の縁起の思想が長年にわたって定着しているのでしょう。いわゆる、自業自得の世界です。すなわち、原因があって、そこに条件が整い、物事あるいは結果が起こるのです。信じられないことが起こると人間はその事実を否定しようとするようです。「こんなことは起こるはずがない」ということが心の底にあるのでしょう。しかしどんなに信じられないようなことでも起こった限りは原因があるというのが仏教です。

仏教は奇跡を重んじなかった宗教でも有名ですが、どんなものも原因と縁と結果で成り立っているという因縁思想を徹底していたからでしょう。仏はあくまで因縁果という縁起の世界に目覚めた者であり、創造主ではないことにも関係しているのでしょう。因果の道理でものが創り出されては滅んでいくという考えが仏教の根底にあるからです。

仏教的に言えば、起こるわけがないと否定するのではなく、起こったことをそのまま受け入れることを教えられます。受け入れて初めて道が開けていくということです。智慧の世界です。

自分自身を受け入れる、今置かれている状況を受け入れるということは時に非常に難しいことです。うまくいっているときは簡単に受け入れることができましょうが、困難な状況に置かれたとき、それを受け入れるのは至難の業であるかもしれません。

「神がなぜアルカイダにテロを許したのか」という疑問には、「米国はもう少し自分のやっていることを反省する必要があると神が教えているのだ」という答えが出てもいいと思いましたが、それはありませんでした。自己を見つめるということが中心の仏教であればこういう答えがでてきてもおかしくないですが、このあたりにも文化、宗教の違いがあるようです。

強いアメリカ、正義のアメリカ、自由の国アメリカというようなイメージを一生懸命に守っているという感じに見えました。見栄を張っているようにも見えましたが、誇りにも見えました。あるいは意地なのでしょうか。

Year 2002：二〇〇二年

年が明けてからも、さまざまな平和、反戦に関するデモ、会合、祈念式典のような行事はいたるところで行われました。もちろん戦争に賛成する集会も行われていたようです。

三月十一日はテロ事件からちょうど半年に当たります。この日、バッテリー・パークに安置されているグランド・ゼロにあったソフィア（地球儀）の除幕式が行われ、復興に向けての火が点され、夜には二つのビーム・ライトがグランド・ゼロから空に向かって放たれました。崩壊した世界貿易センターのツインタワーを象徴するライトです。この日にさまざまな式典が行われました。私は、ブッシュ大統領の戦争に向かう危険なアメリカに対して、市議会公園で行われた平和を訴えるインターフェイス平和祈念式典に出席し、仏教を代表して読経しました。

広島・長崎の被爆者が四月二十六日にニューヨーク本願寺を訪ねられ、9・11の犠牲者の家族と一緒になり「平和のフォーラム」を催すことになりました。被爆者たちの行動に感動しました。同じグランド・ゼロ同士で助け合い、平和を推進して、二度と悲劇を繰り返さないように頑張っていこうという姿勢は嬉しい限りでした。

最初に被爆親鸞聖人像の前でインターフェイスによる法要を行い、そして、本堂のほうで、悲劇を繰り返してはならないということをテーマに「平和のフォーラム」を行いました。私は仏教の非暴力ということで話しました。この年の十月には広島の秋葉市長もニューヨーク入りをされ、テロ犠牲者の遺族会のピースフル・トゥモローズの人と私とでグランド・ゼロを案内することになり、グランド・ゼロではお参りをさせて頂きました。秋葉市長の英語が堪能なのには驚かされました。

A Call from The Village Voice：『ビレッジ・ボイス』からの電話

二〇〇二年の四月頃でしたか、ニューヨークに『ビレッジ・ボイス』というフリーの新聞がありますが、そこに記事を書いていたエリック・バードという人からインタビューをしたいという電話がありました。実は、この一本の電話から想像もしなかった展開をしていくこととなりました。

水に関するさまざまな宗教的行事について書いているということで、仏教で水に関係のある行事について私にインタビューをしたいということでした。彼は日本語もよくできて、そのため日本の文化などにも興味を持っていました。お盆のことも知っており、「灯籠流し」について話をしてほしいということでした。

ご承知のように、お盆にはさまざまな行事が行われますが、灯籠流しもその中の一つです。お盆の最後の締めくくりに、川を静かに火を点された灯籠が流れていく、お盆の間に浄土より還ってこられた先祖たちを見送っていくのです。もともとお盆の行事ですが、広島では八月六日の原爆記念日の夕方に流されます。故人を追悼しながら、平和の願いの灯籠流しが行われているのです。

このようにお盆の意味なども取り混ぜながらインタビューに答えました。最後に「マンハッタンで灯籠流しをすることを考えているか」と聞かれました。「できれば面白いですね」と答えました。すると「灯籠流しをもし行うならば、お盆のときですか」と聞かれ、「そうですね」と返事をしたときに、ふと頭に浮かんだことがありました。

ちょうど、今年のお盆は9・11同時多発テロの犠牲者の初盆にあたり、何か意味のある行事にしたいと考えていたときでしたので、「もしもの話だけど、テロ犠牲者の初盆法要をしようと思っているんだけど、そのときにハドソン川で灯籠流しができたらいいだろうね」と頭に浮かんだそのままを付け加えたのです。エリックさんも急に乗り気になってきて、「もし本当にするなら、私はカヤックをしているので必要なら手伝えるから連絡してくれれば、是非とも協力したい」と言ってくれ、連絡先もくれました。さらに、彼は「差し支えなければ、ニューヨーク本願寺は七月の初盆行事で灯籠流しをすることを考えていると書いてもいいか」と聞いてきたのです。私としては頭に浮かんだことを言ったまでのことでしたので、そこまで言うのはどうかなあと戸惑いました。もちろん「する」とはっきり言っていないので「考えている」ということであればウソというわけでもない。「じゃあ、それでいいよ」と答え、やがて六月に入り、記事が新聞に掲載されることになりました。

"Hatsubon" Idea：初盆をグランド・ゼロで！

四月にクリーブランドで開かれた米国仏教団東部教区会議（私も出席した）で、七月のお盆の頃にグランド・ゼロで法要を行うことを提案し、承認されました。しかし、実際にはグランド・ゼロの三カ月後の状態がまったく予測できないため、具体的な計画が立てられませんでした。工事の進み具合によって、使える場所が変わっていくのです。実際、当初、法要を行うことにしていたグランド・ゼロ見学用のプラットフォームは初盆のときにはなくなっていました。

会議ではプログラムの内容に関しては私の判断に任せるということで、東部教区の僧侶は参加、協力することとなりました。そのときに、エリックからインタビューされたこともあり、灯籠流しの可能性にも触れておきました。

O.K., Let's Do It！：「よし、やろう！」

二〇〇二年の六月四日の『ビレッジ・ボイス』に載った「水と宗教」の記事をたまたま読んだ寺田さんという人から電話がかかってきました。「NY de ボランティア」という新しい日本人のボランティアのグループを始めて、何かボランティアをできることを探しているとのことで、もし灯籠流しをするなら是非とも参加・協力したいという趣旨でした。その場合、二十代、三十代の若者を五〇人ぐらい集められるということでした。

このような電話がかかってくることはまったく予想もしていないことでしたが、それだけの人数が集まるなら、ニューヨークで灯籠流しをすることも可能かもしれないと思い始めました。

寺田さんにはまた後でもう少し話が具体的になった時点で電話をするということで、いったん電話を切り、すぐにインタビューをしてくれたエリックさんに連絡をとりました。そして、以前、インタビューのときにカヤックのグループを集めることができると言ったが本当に可能か聞いてみました。それは大丈夫ということでした。また、必要なら品物などの寄付を集めるのも手伝うと言ってくれました。

私自身は灯籠流しをシーブルック仏教会で行っていた夏のリトリートのプログラムの中で何度か行っておりました。そのとき、木の台を浮かすより、発砲スチロールを浮かすと手軽にできることを経験していました。

そのことをエリックさんに話すとハドソン川は波が高いので大きめの灯籠の台を作ったほうがいいだろうということで、発砲スチロールを五十個ぐらい寄付してくれるところをあたってくれることになりました。

インタビューされたときは灯籠流しをする可能性はゼロに近かったし、まあ無理だろうという感じだったのが、一転して、本当にできるのではないか、という気になりました。何か種が突然芽を出し、あれあれと言っている間にどんどん生長していった感じです。

とにかくいったん、まずエリックさんと会って、じっくり話すことにしました。そのときに灯籠流しのできる可能性のある場所、彼がカヤックを行っていたダウンタウン・ボートハウスや、その近くにある船着き場、バッテリー・パークなどを見に行きました。

川がすぐそこにあっても、たいていの場所は川と地上の高さの差が数メートルも違い、そこで灯籠を流すことは難しく、船着き場になっていて灯籠を持っていける場所でなければなりません。ですので、使える場所は限られていました。最終的に二カ所にしぼることとなりました。

私は場所を使えるように許可をとる方法を調べ、灯籠流しで終わるような初盆の具体的な内容を練ることに専念し、エリックさんは発砲スチロールを探し、カヤックの人たちに声をかけて人集めをすることになりました。

この調子でいけば、灯籠流しも実現できるだろうと思われたので、再びボランティアの寺田さんに電話をし、本格的に取り組む運びとなっていきました。私のほうも当時のサンフランシスコ本部の渡辺総長や当時東部教区長の小杭師などにも連絡をし、七月十六日にできればグランド・ゼロで初盆をし、灯籠流しをすることを伝え、その日にこちらに来て頂くように頼みました。

Making Lanterns：灯籠作り

一週間もしないうちに、エリックさんから、発砲スチロールを寄付してくれる会社が見つかったと連絡が入りました。早速、お寺に持ってきてくれるように頼みました。そして、今度は寺田さんも入れて灯籠をどのようにして作るかの会議をすることになり、灯籠流しの三者会談が始まりました。三人でいろいろな意見を交換しながら灯籠流しの準備が本格的に進み出したのです。

この発砲スチロールは一辺の長さが四〇センチの正方形で、まん中に丸い穴が空いていました。こんなところに穴があると困ったなあと言いながらも、その穴を利用する方法はないかと考えました。結果、底に紙コップをさかさまにして差し込むと、ちょうどロウソクをその上に置けることに気がつき、紙が燃えてはいけないのでアルミホイルでコップをカバーしました。

長めの串を買ってきて、コップに突き刺し、ロウソクが動かないように固定することを考えました。少し太めでお箸より少し長めの串をロウソクの周り四カ所にさし、メッセージが書かれた半紙で周りを包みました。最終的には固定するためにまん中に穴が空いた屋根を作りました。

まずは試作品を作り、試してみることにしました。喫茶店の中で電気を消してもらって、どう見えるかの実験をし、さらに、今度は実際にハドソン川のダウンタウン・ボートハウスに行き、灯籠を実際に川の水に浮かしてみました。思ったより安定して浮かびましたので基本的に成功です。

こうしていろいろと工夫をしながら、初盆当日から三日前の七月十三日に、灯籠の台五十二個の色塗り、紙コップを仕込んだり、上蓋を作ったりする下準備が、寺田さんと現在会長をしている日野さんが中心になってお寺で行われました。

四〇人ほど集まった日本人の若者とお寺の会員の人たちが一緒に力を合わせて、灯籠を作り上げていくのを見て嬉しく思いました。細かいところまで気を利かせて本当にきっちりとやって頂きました。

日頃米国人の大雑把で、言わないとしない、というのとは対照的に感じました。

このときは気がつきませんでしたが、水に浮かすので、台を水色に塗ったのですが、よく考えると夜は水も黒くなるのでした。二年目からは黒でいくことになりました。

I Need A Permit from the NYC Park's Dept.！：ニューヨーク市からの許可が必要！

灯籠の組み立ては何とかうまく進んでいましたが、パークの使用許可をもらうのが思ったより難航しました。第一候補の場所は、以前レスキューワーカーのために船が泊まっていたヨットハーバーで、ここからすぐ近くがグランド・ゼロになっていました。バッテリー・パーク・シティ管理委員会の許可をとろうと申し込みをしましたが、最終的に許可がおりませんでした。

問題は、灯籠流しに火を使うので危険だということでした。日本では夏の風物詩になっている灯籠流しですが、米国人にとってはまったく知らない行事であるだけに、なかなか納得してもらえませんでした。ある意味でニューヨーク市内での灯籠流しは前例がないのですから危ないと言われても仕方ないことです。

あと二週間ほどしかない中で、もう一つの候補場所である、エリックさんが通っているダウンタウン・ボートハウスを使えるように働きかけることになりました。ここの許可はハドソン・リバー公園管理局に申請しなければなりませんでした。

もう後がないという感じでした。最終的には、ボランティア・グループの中でハドソン・リバー公

9月11日に行う9・11追悼灯籠流し（ハドソン川）

園管理局の委員を知っているという人のお蔭で、七月十日に申し込み、二日後の七月十二日に許可をもらえたのでした。

すべてがギリギリになりましたが、何とか許可も取り、ニューヨーク市内で行われる初めての灯籠流し実現の運びとなったのです。この灯籠流しは今も続いていて、最初の二年はお盆の時期でしたが、三年目から九月十一日に変更して、場所もハドソン・リバー公園管理局の建物、ピア四〇の南に移して行っています。

なぜ、九月十一日に変えたかというと、広島で原爆の記念日に灯籠流しがなされるのであれば、ニューヨークでは九月十一日にするべきであろうと思ったからです。近年ではハドソン・リバー公園管理局の人も好意的で、向こうから書類などもほとんど記入したものを送ってくれます。

ニューヨーク本願寺が主催となり、NY de ボランティアとカヤックの協力を得て灯籠流しを行っているのです。まったく関係のなかった三つの団体が協力し合いながら可能になった灯籠流しです。

どの団体もその団体一つでは決してできなかったことが、たまたまのご縁で出来上がった灯籠流しです。今考えても本当に不思議なご縁だと思うのです。日本語の「ありがとう」という感謝の言葉は、

「有ることが難しい」というところからきておりますが、まさにこんなことがよくあったものだと思うのです。まさに、有り難し、のハドソン川での9・11追悼灯籠流しです。

Hatsubon Program：初盆のプログラム

二〇〇二年七月十六日にグランド・ゼロで初盆の法要を催すに当たって、締めくくりに灯籠流しが行われたのでした。初盆とは昨年のお盆から今年のお盆にかけて亡くなられた方の尊い生命を敬い、追悼する法要です。その当時のフライアーに書かれた内容（日本語のみ）をまず記しておきます。

「グランド・ゼロ・メモリアル・セレモニー」
――テロ事件で亡くなられた方の初盆追悼式と灯籠流し――

●場所：グランド・ゼロ（世界貿易センター跡）
●日時：二〇〇二年七月十六日（火）夕方
主な中継地点は以下の通りです。
●午後五時三十分　セント・ポール教会（Broadway and Fulton St.）を出発。
グランド・ゼロ周辺を歩行、黙禱。
●午後六時三十分　グランド・ゼロ（Liberty St. and Greenwich St.）で読経。

●午後七時　Liberty St. and Greenwich St. を出発。Greenwich St. を南へ。
バッテリー・パーク（世界貿易センター前にあった彫刻が安置）へ歩行。
●午後七時三十分～八時三十分　初盆サンセット・セレモニー（Battery Park near the Castle Clinton に於いて）。
アジア各国の仏教僧侶による読経、献花、焼香、歌、僧太鼓による献曲。
ニューヨーク市長・日本総領事館からの挨拶など。
灯籠にメッセージを書き、火を点し、Pier 26 まで（徒歩約三十分）歩行。
●午後九時　Downtown Boathouse, Pier 26 に於いて、灯籠流し（Pier 26：地下鉄＃1/2、Franklin 駅で下車。ハドソン川まで N.Moore Street を西に歩行）。

この初盆の様子を書いておきます。この初盆法要は米国仏教団東部教区が主催し、ニューヨーク仏教連盟、NY de ボランティア、ダウンタウン・ボートハウスの協力により実現したものでした。ニューヨーク本願寺の門徒も一丸となって協力してくれましたし、ニューヨーク仏教連盟からもスリランカ、中国、韓国、チベット、米国などの僧侶が三〇人以上参加されました。東部教区にある浄土真宗の僧侶たちも一〇人ぐらい集まりました。シカゴにある中西部仏教会に駐在していた小杭好臣師、ボストンに住んでいたハワイ開教区の刀禰法城師、シーブルック仏教会の駐在であった向嶋裕史師、イギリスのロンドンから佐藤顕明師、日本の兵庫県から林真師も参加して下さいました。また、東本願寺のジョセフ・ジャーマン師や妙法寺の石橋師なども駆けつけて下さいました。

さらに、NY de ボランティアのほうからは、日野紀子さんと寺田和美さんの二人が中心となり、六〇人ほどの二十～三十代の若い日本人を集めて、目に留まるように全員が黒いTシャツで、最初から最後まで手伝ってくれました。そしてニューヨーク警察のユージーン・キャナピーさんも来てくれました。これだけ多くの人々の協力を得られたことだけでも、始まる前から初盆法要は意味があったと思いました。

グランド・ゼロでの初盆法要

一行は午後五時にグランド・ゼロのすぐ近くにあるセント・ポール教会に集まり、お互いに紹介したり、今日の日程の確認をしました。そして五時半になったところで列を組み、合掌をした後、私が先頭に立って、鐘を鳴らしながら歩き始めました。そのすぐ後ろに米国国旗と仏教の旗を掲げながら、僧侶たちが続き、信者や一般の人々がその後について歩きました。一五〇人ぐらいの人々が一緒に歩き、ヴェシー通りをグランド・ゼロに向かいました。チャーチ通りをわたり、グランド・ゼロ東側を南に歩き、リバティ通りを右に曲がり、グリニッジ通りと交差するところまで念仏歩行して歩きました。途中に、このたびのテロ事件で人々を救うためにビルに入っていき、多くの消防隊の犠牲者をだしたニューヨーク消防署があり、その前で、合掌し、読経しました。そして午後六時半近くになり、その交差点で本尊を安置し、グランド・ゼロに向かい、読経し、厳かに初盆法要を始めました。読経が始まると普段は観光客や通行人で騒然としているグランド・ゼロが静かな空気に包まれたような感じになりました。その頃には二〇〇人以上の人々が集まっていました。

バッテリー公園にあるソフィア
(もともと世界貿易センターにあったもの)

本来なら、その場所で時間をかけて法要をするところですが、グランド・ゼロでは一カ所に長く留まることは許されていませんでした。十分以内に終えることが条件だったのです。ですから、いろいろなメッセージやフォーマルな法要はマンハッタンの南の端にあるバッテリー・パークで行うことになりました。

法要に続き、グリニッジ通りをさらに南に念仏行道をしながら歩いていくと、バッテリー・パークに着きました。バッテリー・パークには世界貿易センターにあったソフィア（地球儀）が安置されており、そこでも読経を行いました。そして初盆サンセット祈念式典を公園の南の端で行いました。

午後七時半から、ニューヨーク本願寺の僧太鼓による和太鼓の演奏で式典は始まりました。当時、お寺の理事長であったマガーガン氏が開会の言葉を述べると、黙想とともに、ジャーマン師のフルートの調べが静かに響き渡ったのでした。読経の後、米国仏教団を代表して小杭師がメッセージを述べ、引き続き、日本総領事館、ニューヨーク市長、マンハッタン地区長、テロ事件の被害者団体（9・11遺族会ピースフル・トゥモローズ）からメッセージが披露されました。そこでも追加の六千ドルの義援金をニューヨーク市に手渡しました。

式典の後、NY de ボランティアのグループとニューヨーク本願寺の会員によって準備された灯籠に、参加者がそれぞれの平和への思いを書き込みました。それを持って、今度はハドソン川沿いを北上し、少し距離がありますが、ピア二六のダウンタウン・ボートハウスまで歩いていきました。

そして午後九時過ぎに、エリックさんが声をかけて集めてくれたカヤックの人たちの助けによって、マンハッタンで初めての灯籠流しが行われたのでした。五十二個の灯籠はカヤックに引かれながら、静かにハドソン川に浮かび、流れていきました。環境問題、回収のこと、安全のことを考えて、灯籠を五つずつひもでつないで流し、終了後はカヤックの人たちが灯籠を回収しました。

こうして四時間にわたって行われた初盆の行事は多くの人々に支えられながら無事終了することができたのです。

Messages on the Lanterns：灯籠に書かれたメッセージ

毎年恒例になっている九月十一日に行っている9・11同時多発テロ犠牲者追悼の灯籠流しには、一

9・11 初盆法要のときに作った灯籠（2002年）

般市民の人たちにもメッセージを書いてもらっています。

最近は仏教的な数字の百八にちなんで、百八個の灯籠を流しています。それぞれの灯籠は四面ありますので、そこにメッセージを書いてもらいます。ですから、四三二人の人たちが灯籠にメッセージを書けるのです。

どのようなメッセージがあるのか何回かに分けて紹介してみたいと思います。まず、日本語で書かれたものを書き出すことにしました。同じ表現がなされているものは省略し、書いた人の名前も書いてありましたが、これも省略することにしました。

以下は二〇〇二年の初めての灯籠流しのときに書かれたものです。実際には、花の絵や平和のマークなどが多く書かれていました。この年は五十個ほどの灯籠を作りました。一人ひとりがいろいろな思いで書いたものです。

＊平和
＊幸福
＊愛

*戦争反対
*平和を願う
*たくさん「幸」
*みんな　なかよし
*日はまた昇る
*実相円満完全
*夢はでかく　ぜんぶでかく
*静かにお眠りください。
*○○ちゃん、安らかに、ありがとう
*笑顔の絶えない平和な日々がおくれます様に
*憎しみが消える日が来ますように。
*争いのない平和な世の中になりますように
*世の中が平和でいれることを一緒に見守って下さい
*すべての人々が幸せに暮らせるように♥
*命を助けて下さったレスキュー隊のお兄さん、どうぞ安らかに眠って下さい

次に灯籠に英語で書かれたものを紹介しておきたいと思います。実は韓国語、アラビア語のような感じの文字で書かれたものもありましたが、私には読めませんので入っていません。（　）の中に簡

単な翻訳を書いておきました。同じ表現のものは日本語のほうと同様、省略しておきました。

＊Peace（平和）

＊I Love Peace（平和を愛します）

＊Pray for World Peace（世界平和を祈って）

＊God Bless You（神の恵みがありますように）

＊God, Love, Compassion, Joy, Peace（神、愛、慈悲、喜び、平和）

＊Together in the Pure Land（共に浄土で）

＊Namo Amida Butsu with Love and Gratitude（南無阿弥陀仏　愛と感謝をもって）

＊Om mami padme hum（オム・マニ・ペメ・フム）

＊Om Shanti Shanti Shanti（オム・シャンティ、シャンティ、シャンティ）

＊To all we lost; We will never forget you（我々が亡くしたすべての人へ：あなたを決して忘れません）

＊In memory of the World Trade Center and all the people that were in it.（世界貿易センターとそこにいたすべての人たちを追慕しつつ）

＊—, We love you forever.（—さん、私たちは永久にあなたを愛します）

＊To —：Everyone misses you.（—さん、皆、あなたがいなくて寂しく思っています）

＊We love NY more than ever（今まで以上にニューヨークが好きです）

＊I ❤ NY（アイ・ラヴ・NY）
＊Wheel of Life（人生の輪）
＊Peace Prevail with Mankind（人類と共に平和が普及しますように）
＊Hope everybody in this world loves each other. NO MORE VICTIMS（この世界のみんながお互いを愛しく思うことを願います。これ以上の犠牲者をだすな）
＊May all the beings be peaceful and happy（すべての命あるものが平和で幸せでありますように）
＊Wishing World Peace & Love（世界の平和と愛を願って）

Hiroshima Day and 9・11：原爆と9・11

初盆法要の後も、9・11に関連したことがいろいろと続きました。初盆が終わった次の月は毎年行っている広島・長崎原爆法要「平和の集い」がありました。この年の原爆法要はいつもとは違った思い入れがありました。法要のスピーカーに昨年のテロ事件で兄弟を失ったコーリンさんを招待しました。彼女は「広島・長崎の被爆者に会い、このような惨事を繰り返してはならないことを強調するとともに、被爆者が五十七年間平和を訴え続けているように、私も平和を訴え続けていきたい」と話されました。彼女は9・11ピースフル・トゥモローズ遺族会の活動的な人物です。

この遺族会の数人はちょうど今、広島、長崎を訪れていると聞きました。彼らは平和運動の大切さを感じつつ、ニューヨークで平和運動を続けられました。自分の家族をテロ事件で失ったのにもかかわらず、反戦を訴え、「政府がやろうとしていることは自分たちのような犠牲者をもっと増やすことになる」「被害者の復讐のためということを口実に戦争をしないでくれ」と訴えていました。

「グランド・ゼロ」という言葉でニューヨークの世界貿易センター跡を呼んでいますが、このグランド・ゼロという言葉はもともと核兵器の使われた爆心地をさす言葉です。そこから、大きな爆弾、地震などの災害でもっとも被害の大きかった場所などを表すのに使われる言葉です。広島爆心地が最初のグランド・ゼロなのです。第二次世界大戦中、米国が原子爆弾開発のために科学者や技術者たちを総動員したマンハッタン計画において使われた言葉だそうです。一九四六年の『ニューヨーク・タイムズ』紙の原爆によって破壊された広島市について書かれた記事に「グランド・ゼロ」が使われたと『オックスフォード英語辞書』にはあります。

世界貿易センタービルが破壊された事件は、米国中に衝撃を与えたという意味で、核爆弾のようなインパクトがあったと言えるかもしれません。グランド・ゼロは米国中を揺るがし、その火の粉はアフガニスタンに留まらず、イラクまで飛び散りました。

広島とニューヨークはグランド・ゼロつながりで、同時多発テロ事件以後、実際に多くの交流がなされました。広島から被爆者の人たちが慰問にやってこられ、特に私も平和運動などで関わった9・11ピースフル・トゥモローズという遺族会とは深い交流を持つようになりました。家族、親戚を失った悲しみを共有し、このような悲しみを二度と繰り返してはならない、平和的手段で解決しようという思いがこの二つを結びつけたのです。

この年の原爆法要にオノ・ヨーコさんから詩のメッセージ「ひとりでみる夢は　ただの夢　みんな

でみる夢は　現実だ」を頂きました。平和への夢を持ち続け、それを現実のものとすることを参加者も強く感じました。平和が乱されている社会にあってこそ平和を説かねばならない、説き続けなければならない、そのことを意識させてくれる格別な平和の集いとなりました。

Another September 11th, in 1955：一九五五年の九月十一日

一九五五年九月十一日、と聞いてピンとくる人はいないだろうと思います。実はこの日は広島で被爆した親鸞聖人像がニューヨークに船で運ばれ、そのお姿を公式に拝見することになる除幕式のあった日でありました。ですから、この九月十一日という日はお寺の前に立つ被爆親鸞聖人像の記念日であり、その意味では、9・11はこのお寺に縁が深い日なのです。

この親鸞聖人像は広島にあっては、一九四五年八月六日の人類最初の原爆を経験し、ここニューヨークにあっては、同時多発テロ事件を経験したのです。その意味で二つのグランド・ゼロの証人、目撃者となったのです。

被爆親鸞聖人像がニューヨークと広島を結ぶ窓口になり、平和のシンボルとして米国と日本をつないでいくことは、この像の持っている「戦争の悲惨さを通して、世界に平和の大切さを訴える」という意図に通じるものです。

九月十一日が米国における広島の日、すなわち「平和の日」に変わることを念じつつ……。

One Year Memorial：一周忌を迎えて

9・11同時多発テロから一年目を迎えることになりました。このような節目に当たる時期にはいろいろな集会が開かれました。九月十日の午後七時から、夜通しの平和イベントに参加しました。何千人ものニューヨーク市民がワシントン・スクェア・パークに集まりました。広いパークが人で埋め尽くされているような感じでした。そのオープニングのインターフェイス・セレモニーで仏教を代表して祈念を行いました。キング牧師の非暴力主義、インドのガンジーの非暴力主義、お釈迦さまの慈悲の実践などをさまざまな宗教者が話しました。

この企画に私も最初から加わっており、私の担当は提灯をNY de ボランティアの協力を得て作り、午後九時半に読経が始まると火を点し、公園の中に提灯を置くことでした。午後十一時からは他の仏教も一緒に集まり仏教の合同祈念を行い、引き続き公園内、および公園外で提灯を持って歩く行道を行いました。シーブルックの向嶋先生も駆けつけてくれました。

翌日の朝八時半にはアナン国連事務局長の在席のもとセント・バーソロミュー教会で開かれたインターフェイス・セレモニーに出席し、チベット僧、中国僧と私の三人で四弘誓願、念仏を称えました。さらに、その日の午後は国連で行われているNGO会議のワークショップにパネリストとして参加し、ここでも仏教の慈悲の実践ということで話しました。そして、午後七時にお寺で完全な仏教式で一周忌の法要を勤めました。

九月十日、十一日はさまざまなコミュニティと共に一年の追悼ができてよかったと思いました。ワシントン・スクェアでの一般市民のコミュニティ、バーソロミュー教会での宗教のコミュニティ、そして、お寺で開いた追悼式は、仏教のコミュニティでした。

九月十五日は夏休み後の最初の日曜法座でしたが、テロ犠牲者追悼法要を勤め、満堂になっていました。ここでは、もっと身近な形で法要ができました。それに夏休みの間会わなかった人にも久しぶりに会えると、それだけで感謝できるものです。

This One Year was Too Long：長〜い一年

平和運動は二〇〇三年三月の米国のイラク侵略まで続きました。私もさまざまな形で平和運動に協力してきましたが、一年が経つと少し疲れが出てきた感じで、特にこのあたりから自分の無力さというものを感じ始めました。

どれだけ平和を訴えてもその声が政府に届かない、それどころか、ますます戦争が加速していき、アフガニスタンからイラクにとその方向が変わり、9・11で亡くなった人以上に多くの犠牲を出すような気運も出てきたのです。

考えてみるとこの一年休みも取らず、慌ただしく動き回り、家族のこと、自分のことも後にして、空虚感・虚無感のようなものを覚えるようになりました。平和のことを一生懸命にやるときはいいのですが、それ以外のことに意味を見いだせなくなった感じがありました。以前は仏教連盟で行うお釈迦さまのご誕生・お悟り・入涅槃を同時に祝うヴェサックでも力一杯やっていたという感じでしたが、今年のヴェサックは何か私の中では力が入らないものでした。他のお寺の行事も同じで、一応は普通にこなしてはいるのですが、自分の中ではやる気がほとんど起こらないようになっていました。私の中に大きな穴が空いているような感じです。やはり疲れ過ぎなのだろうと思いました。どこかにこの空虚感を補ってくれるものはないものか、周囲を見回しても何も見つかりませんでした。突然、本当に疲れたという感じになってきたのでした。

そんなときに、フッと頭に浮かんだのがインドに行ってみよう、お釈迦さまの生きられた道を訪ねてみようということだったのです。実は、友人がインドに行くということを聞いてそう思ったのです。秋も終わりに近い頃、お寺の理事会に来年の一月半ばから二月半ばまで休暇を取りたいと頼みました。すぐに許可がでました。理事の人たちも私が休養する必要があると見ていたのでしょう。

インドに行ったからといって、何が変わるかわかりませんし、まったく変わらないかもしれません。それでも、今まで一度も行ったことのないインドに行ってみたくなったのです。このインド巡礼については『ニューヨーク坊主、インドを歩く』（現代書館、二〇〇三年出版）を読んで頂ければ、詳しく書いています。

こうしてインドに行く準備を整えつつも、毎日のお寺のルーティンをこなし、平和や反戦ということにはやりがいを見いだしていましたので、それは続けていました。十二月十日は世界人権の日に当たり、国連前で行われた宗教者たちが中心になった平和デモにも参加し、仏教を代表して仏教の慈悲の精神、命の尊厳性を語りつつ読経をしました。前日はリバーサイド教会で行われた「平和への祈念」

にも出席して、禅宗の明諦師と共に黙想、読経を行いました。

The US invaded Iraq!：米国がイラクに侵攻

翌年、二月十五日にインドから帰っても、まだイラクへの侵攻はありませんでした。三月から毎週月曜日に国連前のイサヤ・ウォールで平和祈念を行うことに賛同し、正午から三十分間の昼休みの間に他の宗教者と一緒に行うことになりました。その間、三月十七日にイラクに対する先制攻撃が始まり、十九日には全面攻撃になってしまいました。あれだけこのような事態がこないように、戦争を回避するように働きかけたのにもかかわらず、戦争が起こってしまいました。多くの人々の命が失われるのは確実です。このニュースが入ってきたとき、一気に気が抜けたような気がしました。

三日後の三月二十二日にニューヨークでも反戦のデモが起こり、何十万という人がタイムズ・スクエアに集まりました。それでも戦争をやめようとしない政府とは何なのだろうか。市民の声がどこかへ吹き消されているようでした。二〇万人以上がこの反戦デモに集まったとレポートされていました。米国は9・11以降、民主主義の国ではなく、いつの間にか帝国主義の国に変わっていました。ほんの一部のメディアを除いて報道はゆがめられ、国民を無理矢理に戦争にもっていくように仕向ける手段となり下がっていたように思います。一種の洗脳と言ってもよいかもしれません。

声を出しても聞いてもらえないほど、悲しいことはないものです。これだけは言えます、米国人みんなが戦争賛成だったのではありません。少なくとも私の周囲には、できる限りの努力をして反戦運動を繰り広げていた米国人たちがたくさんいたのです。米国人が皆、戦争賛成派という神話は打ち砕けたのではないかと思っています。

Breakfast with Matt：マットと朝食

二〇〇九年に戻りますが、九月に入り、インターフェイス・センターのマットさんと朝食をとりながら、会議をしました。そのときの会話で、灯籠流しも人によっては面白い見方をされているのだと感じました。

イスラム教のイマン・タリブ師は、「インターフェイスの場でイスラム教代表者が招待されなかったならば、こじ開けてでも入っていくようにせねばならないときがあるのだ」と言っていたそうです。それに対して、私の場合は、「仏教徒が招待されなかったのなら、自分からそれとは別にイベントを始めればいい」、と企画されたものが灯籠流しだと感じたとマットさんは言います。

二〇〇一年にワシントン、ニューヨーク（ヤンキー・スタジアム）で開かれた9・11の追悼式にさまざまな宗教は招待されたが仏教者の代表者は誰もいなかったことは以前に述べました。彼の目には、9・11追悼の灯籠流しは、その追悼式に招待されなかった仏教徒たちが自分たちの手で、仏教徒のやり方で追悼を行ったものと映ったのでした。そう言われてみれば、確かにそのように見えます。私の心の中でもどこかで、そのような思いがあったのかもしれません。

お経を称える声が聞こえ、お線香が焚かれ、灯籠流しという伝統行事を通して、追悼をしているという気持ちになります。米国の追悼式を見ていても何かもの足りないという感じがするものです。米国人は灯籠流しのイベントに参加してどう感じるのだろうか。しっくりこない部分もあるのだろうと思います。それでも、灯籠流しに参加した米国人たちから聞くコメントは、とてもポジティブなものが多いのです。「美しいセレモニーであった」「政治的なものはなく、一般の市民も参加できる有意義なイベントだった」「このようなイベントを企画してくれて有難う」等です。

このような声に励まされて、「やはり今年もやろう！」という気になるのです。感謝されることは本当に嬉しいものです。——TK拝

Floating Lanterns Ceremony in 2009：二〇〇九年の灯籠流し

私がまだ仏教連盟の会長であった二〇〇二年から始めたコミュニティ向けの行事が毎年九月十一日にハドソン川で行っている灯籠流しです。今年で八回目になりますが、これは九月十一日にピア四〇で行っています。

今年の九月十一日は、一日雨模様となりました。風もきつく、これでは灯籠流しができないだろうと思われました。実は、二年前も同じように朝から雨が降っていたのです。ところが、その雨も始まる一時間前にやみ、晴れ間があらわれ、夕焼け空が赤く染まる中、9・11追悼行事の灯籠流しを行うことができたのでした。今年も同じようになることを望んでいましたが、残念ながらそれと同じようになることはありませんでした。

「今日は一日中雨になるようだが、灯籠流しはあるのか」という電話が何本もかかってきました。二年前よりも雨もひどいし、何と言っても風がきつい。この風では晴れたとしても灯籠は流せないだろうと思っていました。また、何とか灯籠流しができたとしても、この調子ではあまり人は集まらないだろうと思われました。

しかし、中止にしたわけではありません。雨天決行で、雨ならば、同じピア四〇の波止場の先にある屋根のついた建物で行事を行おうと思っていました。そこは二〇〇人以上入れる結構大きな場所です。午後三時過ぎに会場に着きましたが、ついた途端に私のさしていた傘も飛ばされ、壊れてしまうような風で、これでは今日は難しいだろうと思い、波止場の先のその建物で行うことを決意しました。

来る人にわかるようにボランティアの人に立っていてもらい、場所の変更を案内してもらうように指示しておきました。

日本から原田真二さんも参加

実は今年は、昨年資金面で応援してくれていた団体から、経済的理由で寄付をして頂けないことになりました。こんなところにも経済危機の影響があります。そこで、音響システムは私がお寺から持ってくることにしていましたので、屋外よりは屋内のほうがよかったのです。

今回のゲストとして来てもらっていた原田真二さんとそのマネージャーさんにも手伝ってもらい、音響をセットしました。セレモニーの最初は太鼓で始まりますが、室内であるため、迫力があり、地響きを感じる演奏でした。歌や楽器の演奏も綺麗な音で聞こえました。スピーチもよく聞こえ、皆が一体になって参加しているという感じがして、とてもよかったのです。広島の消防隊ボランティアの方々（NPO子どもの未来と平和を考える会）も、近年は毎年参加下さり、今年は消防隊制服で参加して下さいました。また、今年はシアトル別院仏教会の清水春子（九十三歳）さんから9・11追悼のために水引の千羽鶴が送られ、9・11遺族会の方に手渡されました。

仏教僧侶による読経

人数も二〇〇人以上の人が集まり、式典を進めていくことができました。何よりよかったことは、今まで八年間、カヤックの人の手を借りて灯籠を流してきたのですが、いつも川でスタンバイしてもらうという形をとっていたので、彼らを紹介できませんでしたが、今年はそれができたのです。ニューヨークカヤックのリーダーのランディさん、最初の灯籠流しから協力してもらっているエリックさんを紹介し、彼らに対してこれまでのお礼を正式に言えたことを本当に嬉しく思いました。そして、紹介している頃には雨もやみ、風も治まり、波も静かになり、灯籠流しができるような状況になったのです。すっかり寒くなっていた外もなぜか暖かくなり、気持ちよく灯籠が流せたのです。

こうして、予定どおり八時頃に灯籠を流すことができました。どうなることかと思っていた灯籠流しは、今までで一番印象に残る灯籠流しになりました。——TK拝

After the Big Event：大きな行事を終えて

灯籠流しのような大きな行事の後につきまとうのは、そのため横に置いたままにしていたたまった仕事の片付けです。今週はEメールの返事に始まり、お礼状や記事の締め切り、日曜法座の用意などで追われています。

諸行事を行うことは意味があることで、やっていても楽しいものですが、その後の片付けは未だに苦手です。手をかけておいしい料理を作った後の皿洗いや片付けにも似ているかもしれません。大切なことですが、かえってエネルギーを消耗する感じがします。

あれこれ言っても仕方ありませんので、とにかく片っぱしから順番に片付ける他にないと思われます。しかし嫌々やるよりは気持ちよくやりたいので、私の場合は手を合わせて、合掌してから片付けるようにしています。一種の修行的要素も加わり、はかどる場合も多いようです。それにしても、今年も無事に灯籠流しを終えることができたことに感謝です。——TK拝

Keiro - kai Luncheon：敬老の日の昼食会

九月のお彼岸法要の後、敬老の日の昼食会を開いています。日頃の感謝を込めて、七十歳以上のメンバーの方々を招待します。魚・野菜中心で、柔らかめのおかずにしてもらった弁当を近くの日本食レストラン「三ちゃん」に注文しています。

食事を楽しんだ後はビンゴ・ゲームを行います。ビンゴは頭を使うのでボケ防止にいいのです。耳が遠い人は、若いボランティアの人に後ろについて手伝ってもらいます。

私はコサージを担当します。いつもはカーネーションで作っていたのですが、数が十分なかったので、バラにしたのですが、反応がとてもよかったので、来年からもバラにしようと思いました。

この日は皆、綺麗に着飾って来られますので、それも結構女性の方には楽しみの一つのようです。

「敬老の日、おめでとうございます」——ＴＫ拝

Columbia University Buddhist Club：コロンビア大学の仏教クラブ

九月に学生は学校に戻り、授業も再開されました。毎週木曜日、午後七時~九時に開いているコロンビア大学仏教クラブのほうも九月二十四日から再開しました。

日本の学校が四月から始まるのに対して、米国では九月から新学年が始まります。今年の仏教クラブのリーダーはカミーラさんです。

昨年から始まった仏教クラブですが、はじめは隣のティーチャーズ・カレッジで始まりました。昨年のリーダーでこのクラブを始めたマイクさんは五月で卒業になり、カミーラさんに替わったというわけです。

学生のクラブというのはどんな学生がリーダーかによってガラッと変わります。リーダーが活発だとクラブ員も増えますし、参加していてもその気持ちが伝わってきます。今年もいいリーダーに恵まれたようです。

私自身は、毎週は難しいので、二週間に一度行くようにしています。内容としては、瞑想、行道、討論、回向という感じになっています。今日は二〇人ほどの学生が集まりました。カミーラさんがメールやチラシなどで宣伝もしっかりやったということでしょう。

毎回、テーマを持って話し合いをするようにしています。できれば身近な話題で、なおかつ仏教に関わりがあるようなものです。たとえば、友人関係のこと、学校と仕事の両立、毎日の中で仏教をどう活かすかなどです。

学校生活も忙しいので、その中でクラブに来るのですから、有意義な時間を過ごせるようにと思っています。今年一年はコロンビア大学にあるセント・ポール大聖堂の地下にあるギャラリーを使えるようになっています。場所の確保は万全です。参加者募集中です。——TK拝

Just Laugh！：ハイ、笑って！

今日は午前中はミッドタウンにある有名なフライアーズ・クラブ（Friars Club）に行ってきました。ドキュメンタリー・フィルム"Just Laugh"という映画の中で、私が笑いについてインタビューをされた部分があるのですが、その映画がフライアーズ・クラブのフィルム・フェスティバルにノミネートされたということで招待して頂いたのです。

百年以上の歴史を持つプライベート・クラブだけあって、内装も高貴で気品のあるものになっていました。以前にも二度ほど来たことがあるのですが、そのときはダイニング・ルームだけで、他の部屋などは見る機会がありませんでした。

フィルムの後は、ブランチ・ビュッフェ（バイキング）があり、ゆっくりと食事を頂き、リッチな気分を味わうことができました。たまにはこういうのもいいですね。同じ映画に出演していたお医者さんも来ておられ、同じテーブルで楽しい一時を過ごしました。

この映画は「笑い」について、コメディアンの人はもちろん、医学的立場、心理学的立場、生物学

的立場、宗教的立場などいろいろな角度を加えて、とてもいい映画になっていると思います。

私はもちろん仏教という立場で笑いをどのように考えているか、ということを話したのです。私の出てくる部分は四回ほどなのですが、それなりに存在感がある感じになっています。自分をスクリーンで見るのはどうも抵抗がありますが、人はよかったと言ってくれていたのでちょっと安心です。

この笑いということは大切だと思います。菩薩や仏さまのお顔を見ますと、いつも微笑んでおられます。仏教の慈悲、やさしさがそこにあふれているのだと思っています。フィルムの中では、無財の七施のうちの慈愛に満ちた表情、言葉、視線、行動、心（和顔施、言辞施、眼施、身施、心施）ということを話しました。

現代社会は笑顔を忘れた社会になりつつあるのかもしれません。特にコンピューターなどに向かうことが多くなり、人とふれあうことがないと、笑う機会も減っていくと思われます。一人でいるときに笑う人はあまりいないと思います。人とふれあうとき、コミュニケーションの潤滑油になるのも笑顔でしょう。

八月、九月は平和に関する行事などが多く催されていますが、笑顔の実践ということこそが平和の鍵かもしれません。お互いに笑顔で生きていけるようになるといいですよね。文句ばかり言うのもありでしょうが、それはあまり人をいい気分にさせません。笑うということは自分も相手もいい気分にさせるのです。

今日はどのぐらい笑ったかな、と考えてみるといいかもしれません。別に大笑いする必要もないでしょうが、笑いは健康にもいいので、少々無理してでも笑ってみるということもありでしょう。今日は誰にも会わなかったという人は、せめて鏡の中の自分に対して微笑みかけるというのもいいかもしれません。これは笑う練習にもなりますよ。

笑って心身共に健康になりましょう。ハハハ　ハハハ　ハハハハハハハ。冗談のようにも聞こえますが、私は結構まじめなのです。歌を忘れたカナリヤというのがありましたが、微笑みを忘れた現代人にならないようにしたいものです。

そのためにも、柔和な顔、やさしい言葉、慈愛の目、親切な行動、思いやりの心という無財施を心掛けてみるのが仏教的なことだと思っています。一言で言えば、「ハイ、笑って！（Just Laugh!）」です。――ＴＫ拝

A Computer is Great When it Works, But When it Doesn't...：コンピューターは便利なのだが壊れると…

しばらくブログを休んでしまいました、というより、休まざるを得なかったのです。コンピューターのハード・ドライブが駄目になってしまい、その修理に一週間以上費やすことになりました。契約が今年の十一月まででしたので、新しいハード・ドライブに換えてもらい、ついでにキーボードも見えにくくなっていたのを換えてもらいました。すべて新しくなって返ってきてよかったです。無料サービス（もちろん三年前に契約金は払っています）でしたので、一銭も払わずに済みました。

ただバックアップがうまくできていなかったようで、Ｅメール・アドレスなども結構わからなくなってしまったのも多いのです。ソフトウェアもインストールをし直すなど、結構、もとにもどすのに

時間を食ってしまいました。今、七〇パーセント回復したという感じでしょうか。

そんなわけで、普段のようにコンピューターが使えずブログもちょっとお休みしていました。それにしても、普通に使っているものが使えなくなると、そのものの持っている価値がよくわかりますね。コンピューターが使えるのが当たり前の生活をしていると、そのコンピューターが使えなくなると、突然困ることも出てきます。Eメールもそうですし、記事を書いたり、チラシを作ったり、写真なども必要に応じて使おうとしても、コンピューターに入っていて、それがないと使えません。私の場合、住所や電話番号なども同じです。

ほんの一週間ほどですが、コンピューターに頼った生活をしていることがよくわかりました。ある意味、怖い一面もありますね。少々コンピューターに頼りすぎているようです。とても便利ということは、それがなくなると突然本当に不便になるということですね。

便利さの中の落とし穴には気をつけたいものです。——TK拝

Autumn Festival：秋のフェスティバル

お寺にはいろいろな行事がありますが、秋のフェスティバルは、蚤の市、食べ物屋、オークション、太鼓・踊り・書道などのデモンストレーションやワークショップなどをお寺で行います。毎年行っているファンド・レイズ行事の一つです。春に行うホワイト・エレファント・セールに文化面が加わったものです。

ただ今年は天気があまりよくなかったので、人が少なかったようです。何でもそうですが、結構、天気によって人は左右されるようです。お寺にとって一番いい天気は、曇り時々晴れです。雨だと外に出たくなくなりますし、あまり快晴の秋晴れですとレジャーに行ってしまいます。今日は曇り時々雨という感じでしたのでよくありません。

ホワイト・エレファント・セールと同じように、私は書道のテーブルを出し、名前を書いてあげたり、好きな言葉などを書いて、それを売っています。すべて売上げはお寺に入るようにしています。私自身はいつも動き回っていることが多い週末だけに、こうして長時間、ほぼ一日、座って筆を持って字を書くということは滅多にありませんのでいいものです。それに、話を聞いてほしいとか、お寺・仏教について質問があるとか、いろんな人がやってこられるのも楽しいです。

ファンド・レイジングで「しっかり稼がにゃ」と思うと気が重い感じがしますが、買う人は買うし、買わない人は買わないと思っているほうがその時間を楽しめるものだと思ってやっています。それでも、結構売れますよ。——TK拝

Time to Go Back to School：学校に戻るとき

先週はニューヨークは突然寒くなり、秋を通り越して冬になったような感じでしたが、今週は暖かく秋らしい日になりました。

来週から、ニューヨーク神学校でインテンシブな授業（Doctor of Ministry）を取ることになってい

ますので、今週はそれに向けていろいろな準備に追われています。大学に戻るのは十五年ぶりで、何となく変な感じもしますが、楽しみにもしています。

宗教間の対話などのインターフェイスについて専門的に勉強してみようと思い立ち、大学（博士課程）に戻ることにしたのです。とは言っても一年に三週間授業に出るだけであとはリサーチなどを行うものですので、お寺の空いている時間を使って勉学できるのです。

9・11や原爆法要などインターフェイスの行事もオーガナイズしたり、インターフェイス・センターやインターフェイス・アライアンスなどの理事もしていますので、いい機会だと思ってセミナリーに行くことにしたのです。

結構、前もって準備をせねばならないことも多いのですが、お寺の会報を仕上げたり、年忌法要を勤めたり、お葬式が入ったりで、なかなか手が回らないのが現状です。何とか時間を見つけなければ！

来週は朝の九時から夜の九時まで、日曜から金曜まで休みなしで学校に缶詰となりますので、次は十一月に入ってからブログを再開します。——ＴＫ拝

Yeah, the First Sessions are Now Over !：最初の授業は今日で終わりだ！

昨日は久しぶりにゆっくりと眠ることができました。毎日学校から帰ってては次の日の授業の本や資料を読んだり、宿題をしたりで、睡眠時間が足りませんでした。朝の九時から夜の九時まで、毎日、授業があったのです。

十五年ぶりに大学の授業を受けましたが、以前私が大学に通っていたときとは、授業のやり方など相当違いました。十五年前はまだEメールなどはほとんどの人がやっていませんでしたし、授業も黒板やホワイトボードを使っていました。今回の授業は各自がポータブル・コンピューターを持参せねばなりませんでした。授業もスクリーンを使いプロジェクターで映像を映し、授業がなされ、黒板などは一切使いませんでした。

図書館の使い方、リサーチの方法なども、以前のように図書館でいろいろ調べるというのではなく、すべてコンピューターで行うようになっていました。図書館に行かなくとも、ほとんど家で調べることができるようになっているのですね。ここまでくると化石人間のような気がしました。

クラスメートは一四人でした。そのうち、一〇人がキリスト教のプロテスタントで、二人がイスラム教、一人が無宗教、そして私一人が仏教でした。中にはアフリカのガーナから来ている牧師さんもいました。始まったばかりですが、皆さまざまな経歴を持っていて、ディスカッションはとても面白いものでした。

次に大学に行くのは二月ですが、その間は、インターネットによる授業、宿題などがあります。今回、一番時間を使ったのはコンピューターをどのように使うかということでした。重要なことはインターネットが使えるかが、自宅勉強のキーであるからでしょう。

さて、これから三年頑張ります！　――ＴＫ拝

Interpretation of "Religion":「宗教」の意味

先週からインターネットを使った討論が始まり、「宗教」という言葉の理解の仕方についての自分の定義とそれについての意見交換が交わされました。

宗教という言葉は何を意味するのか、学者によってその定義は変わってきます。西洋でレリジョンと言ったときには、神と再び関係を持つ、回復するということになりますが、仏教などは創造主の神という概念とは全く違った観点を持ちますので、それでは当てはまらないことになります。

宗教という言葉自体、もともと西洋のレリジョンという言葉をどうやって日本語にするかということで考えられた言葉ですから、その言葉の中に、東洋的な心が反映しているように思われます。

神との関係というところからではなく、自分が宗とするところの教えということですので、自分の価値観、人生観、生活観というものを宗教と言ったことになります。

ある意味で「人生をどう生きるか」ということを考えることが宗教の本質に当たることになります。人生をどう生きるかを考えるときに、死の意味、生の意味、死後の世界、生前の世界、人間の力を超えたところの世界などがどうしても問題になってくるものでありましょう。

宗教を持つというと、日本では何か変なものに入信してしまった、というように捉えられるようですが、本来、人生を深く考え、そこに出てきた答えが宗教と名付けられるものなのです。

「私は宗教など持たない」という人は、「私は自分の人生を深く考えたことがない」と言っているのと同じことになるのではないかと思います。ある意味で日本人の宗教は「お金がすべて」という感じになっているようにも思われます。価値をお金でしか計れないならば、こう言われても仕方ないのです。

宗教を持つということは、自分の価値観、人生観、信念を持って生きているということです。私の中の宗教の定義は、宗教は人生の問いに対するさまざまな答えにあたるものである、と考えます。だから、さまざまな宗教があるのだと思うのです。

あなたなら、どのように「宗教」という言葉を定義されますか。――TK拝

Meditate NYC：ニューヨーク　メディテーションの日

ニューヨーク仏教連盟主催の「メディテイトNYC」という、さまざまな宗派の仏教のリーダーをゲストに招いて、瞑想、仏教の教えをニューヨーク市民に紹介しようという企画が今年も行われました。私は今回は大学の関係でどういう予定になるかわからないので、何も手伝えないかもしれないと言ってありましたが、時間は問題なく取ることができました。ジャドソン・メモリアル教会のホールを借りて行いました。

今年はスピーカーではなく、よい天気でもありましたので、托鉢姿ですぐ前にあるワシントン・スクェア・パークの中を歩き回ったり、立ち止まってはお経をあげたりすることにしました。三～五人ぐらいで一緒に回り、一人の人は今日のメディテイトNYCのビラを配る役目をしました。一つは皆

にイベントを知ってもらうこと、もう一つはこんな気持ちのいい日に部屋の中にいるのはもったいないということでした。

以前、ニューヨークの街を一週間ほどですが毎日回って、お寺の資金集めをしたことがありました。そのときと同じように、今日もたくさんの人が写真を撮っていました。托鉢僧の姿はめずらしいのでしょう。編み笠をかぶり、衣をつけ、時に鐘を鳴らしながら歩くと注目を集めるようです。

日本では変わった格好をしていると避けて通られるような気がしますが、こちらだと、「何だろう、何だろう」と言って集まってくるような感じです。何となく、公園の中を歩きながら、人々とふれあいを持ち、気持ちのいい午後の一時を楽しんだような感じになりました。

話をもとに戻しますが、このメディテイトNYCは仏教マガジンの『トライシクル』という雑誌が毎年主催して十年間行われていた「チェンジ・ユア・マインド」が数年前に中止になり、ニューヨーク仏教連盟が名前を変えて受け継ぐことになったのです。

趣旨はニューヨークに仏法を紹介するということです。スピーカーはそれこそ、中国、韓国、日本、チベット、スリランカからの仏教僧、さらにはアメリカ人の禅僧など、さまざまな人たちが順番に二十分ずつ話したり、瞑想、読経をしたりします。また、途中、ヨガ、音楽が入り、日曜の午後から日没にかけて行われました。

いろいろな仏教の選択が可能なのもニューヨークの特徴ですね。あまりたくさんでどれがいいのかわからなくなるような気もしますが、それでも選択肢があることはいいことでしょう。――TK拝

Bowing：おじぎ（辞儀）

オバマ大統領が天皇にお辞儀をしたことが米国では大きな問題になっていますが、このあたりは文化の違いを感じます。「米国のリーダーが王権の前でお辞儀するなど未だかつて聞いたことがない」と書かれ、「大逆罪」とまで言われていました。

この問題はお辞儀の意味合いが異なることからでてきたものと言えましょう。国際社会に生きるという時代ですから、どうしても文化の違い、習慣の違いから誤解を生んだりすることも多いのです。このあたりは米国に住むようになってからもよく感じます。

お辞儀をするという行為をただの挨拶と見るか、それとも忠義を誓うものと見るかによって意味が変わってきます。米国では滅多にお辞儀をするという習慣がありませんので、お辞儀をする行為がたとえ一瞬であってもとても目立ったのでしょう。

挨拶なのですから、お互いに気持ちよく挨拶できればそれでいいのでしょう。画像を見る限りは和やかな感じでしたのでそれでいいのではと思いました。実際、天皇は西洋スタイルで握手をし、大統領は日本スタイルでお辞儀したということでしょう。そう考えるとお互いが相手の文化を尊重した挨拶であったように思えます。

ところで、この挨拶という言葉は仏教語から派生したと言われています。挨とは「押す」という意味、拶とは「せまる」という意味から、前にあるものを押しのけて進み出ていくことです。禅宗で師匠が弟子に、あるいは修行者同士がその人の悟りの浅深を言葉や動作で試すことが挨拶です。いわゆる「一挨一拶」です。

ある意味で相手がどれほどの人かを判断するのが挨拶ということになりましょうか。その意味でも挨拶を軽く見てはいけないのかもしれませんね。

ともかくも「おはよう」の一言であっても、しっかり心を込めて挨拶したいものです。――TK拝

Celebrating a Long Life：長寿を祝う

十一月に入るとたいていは少しゆっくりになるのですが、先週はお葬式が二件入り、一つはニューヨークから一時間半ほどのロングアイランド、そしてもう一つは二時間半ほど離れているシーブルックでした。一人は九十一歳、もう一人は百二歳で往生されました。

長生きで、二人とも亡くなる少し前まで、元気になさっていました。同じお葬式でもしっかり頂いた命を生きられた人のお葬式は、もちろん愛する人と別れることはつらいことですが、何かそこにその人の人生を祝うようなところがあります。

長生きと言えば、浄土真宗の開祖の親鸞聖人も同じです。当時、人生五十年と言われるような時代に、九十歳（満八十九歳）まで生きられたことはギネスブック並みのことではないかと思います。

一日一日を大事に生きることが長生きにつながるのであろうと思っていますし、長生きできなくとも、一日一日を大事に生きた人生はそれだけで価値があるものだと思います。

「い（生）けらば念仏の功つもり、し（死）なば浄土へまいりなん。とてもかくても此の身には、思いわずらう事ぞなきと思いぬれば、死生ともにわずらいなし」という法然聖人の言葉が思い出されました。法然聖人は八十歳で往生されました。

お釈迦さまも八十歳で入滅なさっていますので、長生きです。当然のことなのですが、一時一時の積み重ねが一日となり、一日一日の積み重ねが一年となり、一年一年の積み重ねが一生となっていくのです。

このブログを書いていて思うことは、一つひとつのブログが積み重なって、多量の文章になっていくことを感じます。最初から数えると、字数にして、十五万字ぐらいになっています。

まさに、塵も積もれば山となるという感じです。——ＴＫ拝

Happy Thanksgiving！：感謝祭

米国では感謝祭の週末で、もともとは収穫を喜び、感謝するところから宗教的な行事として十七世紀頃に始まったと言われますが、今では多くの親戚や友人が集まる食事会というイメージのほうが大きいかもしれません。七面鳥を焼いて、スタフィング、クランベリーソース、カボチャのパイといった伝統的な料理で感謝祭をお祝いします。米国では毎年十一月の第四週目の木曜日に感謝祭を行います。

お寺の行事としては、午後一時にお参りをして、午後二時から持ち寄りで感謝祭を祝うようにして

います。ニューヨークでは独身の人も多いし、家族のほうへは帰らない人もいますので、そういう人を対象に十五年前に始めました。一〇人～一五人程度の小さな集まりですが、ゆったりとして、楽しい雰囲気です。

感謝祭の前日の夜は、マンハッタンのアッパー・ウエストにある聖職者たちが中心になって毎年、インターフェイス（諸宗教）による感謝祭を行います。今年はセント・パウロ＆セント・アンドリュー教会で行われました。私は黙想と読経を行いました。

何もかも当たり前になり、感謝をすることを忘れがちな生活をしている現代人（私も含めて）にとっては大切な一日ではないかと思います。感謝を実践する日と考えるといいだろうと思うのです。もちろん日々感謝のうちに生活できれば、それにこしたことはありません。

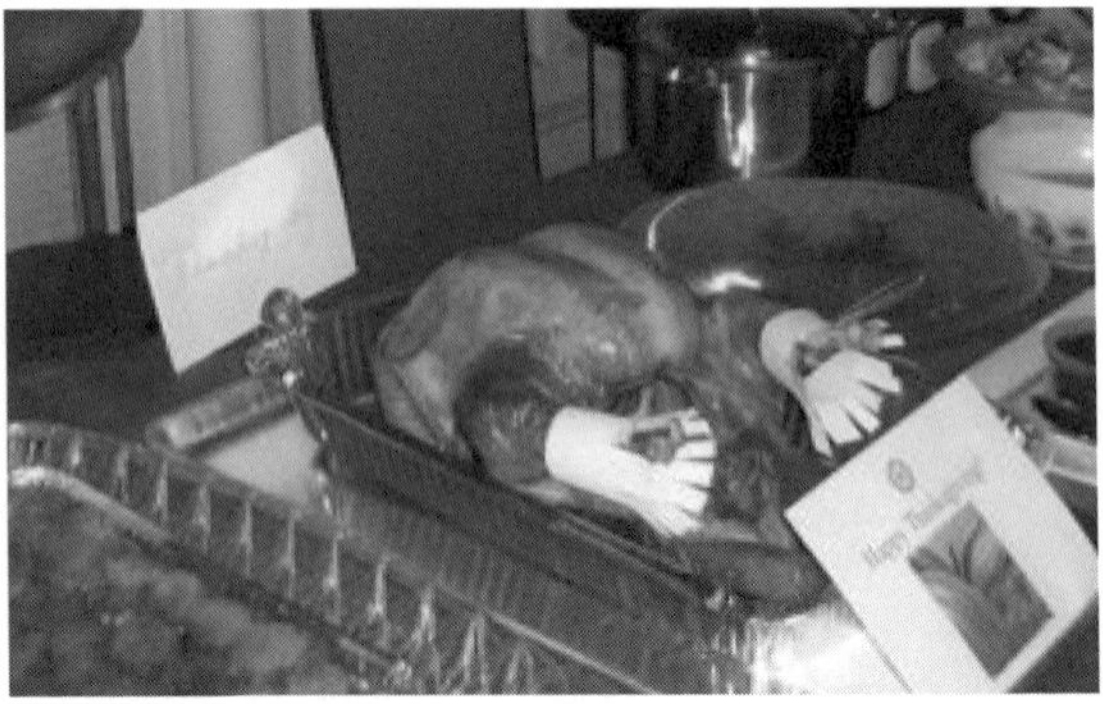

感謝祭にはターキーがつきものです。

自分にとって親しい人、好きなもの、都合のいいものに感謝するのは易しいのですが、自分が嫌だと思う人、嫌いなもの、都合の悪いものに感謝することは難しいものです。この日だけは、自分も含めて、すべてのものに感謝してみると仏道修行につながるものがあるようです。すべてのものに手を合わす日が私流の感謝祭です。——ＴＫ拝

Project Dana：プロジェクト・ダーナ

先日、ハワイから、中村ローズさんと金沢しめじさんがお寺を訪ねてこられました。金沢さんは百四歳になるとにこやかに言っておられましたが、彼女たちは二十年前にハワイでプロジェクト・ダーナを創立したお二人なのです。

お寺を訪ねたいということは一週間ほど前に連絡がありましたので、せっかく来られるならば、平日お昼間で多くの人は働いている時間ではありますが、来られる人だけでも集まって頂ければと思いお寺の人にも呼びかけることにしました。七人が集まり、一時間ほど時間を頂き、プロジェクト・ダーナの歴史、目的、内容などを話して頂きました。

ダーナというのはサンスクリット語で仏教の布施行にあたります。意味は、施す、与えるという意味で、具体的にはものを与える財施、教えを与える法施、恐れを与えない無畏施というものがあります。与える行為によって人々に幸せを与えることです。

プロジェクト・ダーナはその布施の精神に基づいて、ボランティアとして老人を訪ね、介護なども行うサービスを施すものです。

もとは一人っきりでいるお寺のメンバーに声をかけ、年をとって運転できなくてお寺に来られなくなった人たちをバスで迎えにいって、お寺に連れてきてあげるところから始まったものです。それが今では仏教だけでなく、さまざまな宗教を超えて、ハワイの全土に広まった老人のための活動になっているのです。

近年は「人を思いやる」という気持ちのうすれる中、このプロジェクト・ダーナの持つ意味は大きいものだと思いました。

二十年間も続ける秘訣のようなものはありますか、と聞いたとき、お年寄りと「お友だちになる」という気持ちこそが大切だと答えられました。

人を思いやるというのは、具体的にはお友だちになるということなのですね。機能的、構造的なこともいろいろあるのでしょうが、友だちになろうとする心こそが大切なものだと言われたところに、布施（ダーナ）の精神が生きていることを感じました。

プロジェクト・ダーナがハワイだけでなく、さまざまな国でも実践され、思いやりの輪が広がっていくことを念じます。——ＴＫ拝

A Little Bit Too Much?：ちょっとやりすぎ？

先週の金曜日は朝四時に起きて、ケネディ空港六時発で米国仏教団の会議に出席するためサンフランシスコに向かいました。

金曜と土曜の二日間の会議に出席し、土曜の夜十時二十分サンフランシスコ発で日曜の朝六時にニューヨークに帰ってきました。いわゆるレッド・アイと呼ばれますが、夜行列車ならぬ、夜行便です。飛行機で寝るのは大変で赤い目になって出てくるからそう言われるのでしょうね。私自身もあまりよ

く眠れませんでした。

　お寺に帰ってから、近くの朝食を出すレストランに行きました。その帰りに今日の祥月法要とお釈迦さまの悟りを開かれた「成道会」のためのお供えを買っていきました。

　この日は、法要の前、午前十時に「初参り」を頼まれていました。七歳になる女の子で着物姿でお参りをしました。ご両親と共に、子供が頂いた命を精一杯生き、またその命の種に悟りの華が開くことを願いながらお参りをしました。

　そして午前十一時三十分から成道会、祥月法要を勤めました。さすがにいつものようにすっきりしないまでも、結構、調子よくいきました。仏陀の意味である「覚者」、すなわち、目覚めた人ということで話をしましたが、何となく今日の自分には皮肉っぽいテーマになりました。

　仏教というのは、目覚めの宗教であることが特徴です。真理を求め、自分の目で見、自分の心で考え、自分の体で体験していくことが何よりです。何でも鵜呑みにしないこと、専門家だからといって、一〇〇パーセント正しいとは限りません。……という法話をしました。

　午後からは、門徒のリーダーを養成するクラスを行いました。こういった感じで、先週末から強行な予定でしたが何とかなりました。

　近年よく思うことは、お寺も体力勝負だということです。健康でなければやっていけません。もちろん精神力もいりますが、身体が資本という感じがします。——TK拝

A Season for Parties：パーティの季節

年末はパーティがさまざまなところで催されます。ニューヨークは忙しい人が多く、もっと頻繁に会って、話したいと思っていても、限られた時間と空間の中に生きていますので制限があります。年末のパーティなどのいいところは、しばらく顔を合わせていなかった人に会えることです。もちろん食事を楽しむということもあるでしょうが、人との出会いが一番大切なところであろうと思っています。

ライオンズ・クラブのパーティのほうは先週の金曜日でしたが、ちょうど私がサンフランシスコのほうに出張していた日と重なり出席できませんでした。今週の総領事館主催の天皇誕生日のパーティには出席しました。大使邸で毎年催される会ですが、中にはこのときにしか会わない人もいらっしゃいます。ニューヨークでいろいろな分野で活躍しているような人たち、長年ニューヨークの日系コミュニティで活躍している人たち、領事館で働いている人たちなどとの交流は楽しいものです。

今日の夜は、JAJAのパーティに初めて出席しました。ジャパニーズ（J）・アメリカン（A）とジャパニーズ（J）・イン・アメリカ（A）の省略でジャジャとなります。このパーティには多くの若い日本人、日系人が参加しており、エネルギーが漲《みなぎ》っていました。また領事館でのパーティとはまったく違う感じなのが面白いところです。

来週も日系人会のパーティや米日財団のパーティなどもありますが、それぞれ違った層の人たちが集まります。その他にも日系人ではなく妻の関係のほうでのパーティは所謂アメリカ人ばかりのパーティで、私には未だに苦手なところがあります。やはり私の知っている人が少なく、共通の話題を見つけるのが難しいということもその原因であろうと思います。そこでは一緒に歌を歌ったりするのですが、それは結構楽しめます。もちろん私も頑張ってこのときばかりは歌います。

このようにパーティのことばかり書くと遊んでばっかりのように思われるかもしれませんが、ここにいればパーティは大切な社交場なのです。もちろん楽しんでいないというと嘘になりますが……。——TK拝

雪の中、お寺の前にハドソン川に向かって立つ親鸞像

The First Snow in Manhattan
: マンハッタンの初雪

もう今年も残すところ二週間ほどになってしまいました。今日の午後から明日の朝まで雪が降るという予報ですが、そろそろ降り始めてきました。マンハッタンでは今年初めての雪になります。

こういう日は家にじっとしているに限ります。そこで、今日はホリデイ・カードや年賀状を書くことにしました。

今年もいろいろな人との出遇いがありました。ご無沙汰をしている人もたくさんいます。カードを書きながら、さまざまな思いが頭に浮かびます。

来週はお寺のお餅つき、年末の大掃除が待っています。そして、十二月三十一日（金）は午後七時から除夜の鐘をつきます。今年の残りの時間を大切にして過ごしたいものです。

雪のニューヨークもまたいいものです。今回の雪は積もりそうです。明日は、多分リバーサイド・パークもスノー・ボードで遊ぶ子供たちで賑わうでしょう。雪だるまも作れるでしょう。

私は「猫はこたつでまるくなる！」派です。家の中から見ます。——ＴＫ拝

Pounding Mochi：餅つき

餅つきでこのブログを締めくくりましょう。

毎年お寺では年末に餅つきを行っています。臼と杵を使いますが、少し機械が入りますので、まったくの手作りとはいきませんが、ほぼ手作りに近いものです。昔の餅屋さんの機械で、杵が自動的に上下に動きます。音は工事現場でドン・ドン・ドンと杭を打ち込むような感じですので、その下に手を入れるのが最初は怖いのです。

前の日に糯米《もちごめ》を水に浸けておき、朝一番につき始めます。機械の杵でつきますが、蒸した糯米を臼に入れ、うまくつけるように手と杓文字を使って、糯米を真ん中に寄せてやるようにするのです。コントロールするのは人間ですので、そのあたりは少々テクニックを要します。

こつは杵を怖がらず、友だちのようにして付き合うことです。慌てずゆったりと構えて作ればいいのです。案外やりだすと楽しいものです。四百ポンドですので、だいたい百八十キログラムの糯米を使います。一日がかりのプロダクションです。

これをしないと終わった感じがしません。言い換えれば、餅つきをすると終わりを迎える気分になります。その意味で、このブログを締めくくるのに適したものと言えます。

それでは、よいお年をお迎え下さい。ナモアミダブ。——TK拝

終わりに

ニューヨークのお寺とはどういうところか、また米国のお寺ではどんな活動をしているのか等を少しでもわかって頂けたでしょうか。

私の思うことも入れましたが、別に私に賛成する必要もありません。こういうふうに考える人もいるんだ、と思ってもらえばいいと思います。あなたはどう考えるかということが大切でしょうね。

今まではどちらかと言うと自分のために仏教を学んできましたし、人から学ぶことを楽しみとしていました。時が経つにつれて、最近はちょっと自分が頂いたものを分けてあげたいと思うようになってきました。

自分の体験もこのように書くことによって、分かち合っているという面があります。ある意味、自分の好きなことを書いているのですが、自分だけに留まらないのがブログであり、本ですね。ですので、言葉の贈り物と思って頂ければ幸いです。

最後になりましたが、現代書館の菊地泰博さまのお蔭で、この本を出版できるようになりましたことを心より感謝しています。また、ブログを読んで頂いていた皆様にも感謝しています。

締めくくりとしまして、私の妻はジャーナリストなのですが、私たちの結婚式の様子を彼女が『週刊NY生活』（二〇〇九年十一月十四日）という新聞に書きましたので、その文章を引用して終わりたいと思います。どうもこういうことは自分では書きにくいので、ブログでもあまり触れないようにしていました。この本は私たちの結婚記念となりますので、ちょうどよいかと思います。

Our Wedding：カソリックの私が仏式で結婚式（by ヘザー・ハーラン・ナカガキ）

幼い頃は多くの米国人の女の子のように、私はカトリックなので、教会で白いドレスを着て結婚することをいつも想像していた。しかし、私の人生は違う道を歩み、私が育ったブルックリンのイタリア系米国人の地域から出て、地球の反対側に導かれることとなった。

今年の夏、ステンド・グラスの窓のある教会のセンター・アイルを歩く代わりに、東京のお寺で、金色に黒の漆塗りの折障子の後ろから私は入場して、仏教僧侶の前で結婚の誓いを述べた。白いドレスの代わりに、私は友人に借りた金色の帯を巻き、水色の着物を着た。

私の夫は西本願寺のお寺、ニューヨーク本願寺の住職をしている中垣顕實（TK）という仏教僧侶だ。私たちは数年前に彼が教えている書道教室で出会った。

私たちが結婚することに決めたとき、彼の家族や友だちのいる日本で一度、そして私の家族や友だちのいるここニューヨークで一度、の二度の結婚式をするのがいいだろうと考えた。楽しく面白いものにしたいと思っていた。

日本で結婚式を行ったが、日本の典型的な結婚式ではなかった。日本では神道による結婚式が普通だが、彼が仏教僧侶の家族なので、仏前結婚式を彼の友人が住職をしている築地本願寺のすぐ横にあるお寺で行った。その後、築地本願寺で精進料理による披露宴を開いた。私たちは菜食主義者ではないが、普通の結婚式の料理よりも面白いし、仏教に相応しいと考えたのだ。披露宴のために私は、桜や菊などの花が日本風に刺繍されている水色のカクテルドレスに着替えた。幾人かの招待客にどこでそのドレスを買ったのかと聞かれたが、それはイタリアのブランドでニューヨークのサックス・フィフス・アベニューで買ったものだった。その夜の終わりに、ニューヨークのチャイナタウンで見つけた「I Love NY」と書かれたお箸を結婚祝いに相応しい赤い袋に入れて、招待客にお土産として渡した。

ウェディングの写真

ニューヨークではニューヨーク本願寺で二度目の結婚式を開いた。多くの異人種カップルがよく行うように、私たちの両方の文化的背景を祝うことにした。米国仏教団の総長とカトリックの牧師にインターフェイスの司式をお願いした。二人の聖職者は交互に式を進めていった。私たちの友人の原田真二氏は日本とニューヨークの両方の結婚式に出席し、演奏をしてくれた。また、長年茶道を習っているフランス人の友人と彼の日本人の奥さんが結婚式の締めくくりにお茶を点ててくれた。

私はなかなか気に入った白いドレスが見つからなかったが、TKが赤茶の法衣に紫の袈裟をつけるのを見て、白いドレスではつり合いがとれないだろうと思った。その代わりに、文化の交わる結婚式には最適と思われる、東洋と西洋をブレンドする中国人のデザイナーのヴィヴィアン・タム作で、紫のシャクヤクの花がデザインされた長いシルクのドレスを私は着ることにした。

式場の飾り付けに、長く大きな白い布で本堂の壁を覆うようにして、その布の上にTKが墨で字を書くというアイディアを思いついた。TKは「一心一如」と『阿弥陀経』の「赤色赤光　青色青光」という言葉を書いた。私たちにとって、これらの言葉は、共に一心となって人生を分かち合えることを祝うとともに、それぞれの違った特性を保持し、尊重し合うことを思い出させるものなのだ。

終

中垣顕實（なかがき・けんじつ）

一九六一年三月十一日、大阪府茨木市で誕生。

一九八三年、龍谷大学（京都）文学部史学科（仏教史学専攻）卒業。

一九九四年、カリフォルニア州立大学言語学修士課程修了。

一九八五年、西本願寺より米国仏教団に派遣。シアトル仏教会、パレア仏教会を経て、一九九四年からニューヨーク本願寺住職。

二〇〇一年、ニューヨーク仏教連盟会長に選出される。

同年、コロンビア大学宗教生活アドバイザー就任。

その他、ニューヨーク日系人会理事、インターフェイス・センター・オブ・ニューヨークの副会長などを務める。

著書『ニューヨーク坊主、インドを歩く』（現代書館）。

http://www.newyorkbuddhistchurch.org/

マンハッタン坊主　つれづれ日記

二〇一〇年六月三十日　第一版第一刷発行

著　者　中垣顕實
発行者　菊地泰博
発行所　株式会社 現代書館
　　　　東京都千代田区飯田橋三―二―五
　　　　郵便番号　102-0072
　　　　電　　話　03(3221)1321
　　　　F　A　X　03(3262)5906
　　　　振　　替　00120-3-83725
組　版　メイテック
印刷所　平河工業社（本文）
　　　　東光印刷所（カバー）
製本所　矢嶋製本

校正協力・岩田純子
 ISBN978-4-7684-5639-2

http://www.gendaishokan.co.jp/

活字で利用できない方のための
テキストデータ請求券
『マンハッタン坊主
つれづれ日記』